中国古代诗歌选读

编　注：钱　华　刘德联
英文翻译：钱旭菁　陈冰鸥
日文翻译：(日)根岸知枝子

北京大学出版社
北京

图书在版编目(CIP)数据

中国古代诗歌选读/钱华,刘德联编注—北京:北京大学出版社,1996.12

ISBN7-301-03249-8

Ⅰ.中…

Ⅱ.①钱…　②

Ⅲ.古典诗歌-作品集-中国

Ⅳ.1222.7

书　　　名:	中国古代诗歌选读
著作责任者:	钱华　刘德联编注
责 任 编 辑:	胡双宝
标 准 书 号:	ISBN 7-301-03249-8/I·410
出 　版 　者:	北京大学出版社
地　　　址:	北京市海淀区中关村北京大学校内　100871
电　　　话:	邮购部 62752015　发行部 62559712　编辑部 62752032
排 　印 　者:	北京大学印刷厂
发 　行 　者:	北京大学出版社
经 　销 　者:	新华书店
	850×1168毫米　32开本　7.625印张　190千字
	1997年1月第一版　2004年8月第二次印刷
定　　　价:	15.00元

说　明

一、为了帮助外国学生了解中国诗歌，特编写《中国古代诗歌选读》。

二、本书选先秦至清代中期诗歌110首。所选诗歌均为文字较为浅近的名篇。

三、本书可用于课堂教学，也可供具有中等以上汉语程度的外国学生课外阅读。

四、为使学生不完全依赖注音阅读，汉语拼音单独排列，按字注音，除每句头一个字母大写外，一律用小写。有的字在某篇中有特定读法，如《静女》篇"说怿女美"的"说"读 yuè，意思通"悦"；"女"读 rǔ，意思通"汝"。再如《上邪》篇的"邪"读 yé，是感叹词。

五、生僻词语有简要注释，并译为相应的英文、日文。

六、本书在编写过程中，得到北大汉语中心金兰老师的热情帮助，在此表示感谢。

编者
1996年9月

目 录

关雎(《诗经》)……………………………………… 1
静女(《诗经》)……………………………………… 4
柏舟(《诗经》)……………………………………… 7
伯兮(《诗经》)……………………………………… 10
木瓜(《诗经》)……………………………………… 14
大车(《诗经》)……………………………………… 16
采葛(《诗经》)……………………………………… 19
将仲子(《诗经》)…………………………………… 21
狡童(《诗经》)……………………………………… 24
褰裳(《诗经》)……………………………………… 25
出其东门(《诗经》)………………………………… 27
溱洧(《诗经》)……………………………………… 30
伐檀(《诗经》)……………………………………… 33
硕鼠(《诗经》)……………………………………… 37
蒹葭(《诗经》)……………………………………… 41
上邪(汉代乐府民歌)……………………………… 44
上山采蘼芜(汉代乐府民歌)……………………… 47
观沧海(曹操)……………………………………… 50
燕歌行(曹丕)……………………………………… 52
野田黄雀行(曹植)………………………………… 56
归田园居(陶渊明)………………………………… 58
饮酒(陶渊明)……………………………………… 60
子夜歌(南朝乐府民歌)…………………………… 62

子夜四时歌(南朝乐府民歌)	65
读曲歌(南朝乐府民歌)	68
拔蒲(南朝乐府民歌)	70
西洲曲(南朝乐府民歌)	72
敕勒歌(北朝乐府民歌)	75
木兰诗(北朝乐府民歌)	77
送杜少府之任蜀州(王勃)	84
登幽州台歌(陈子昂)	87
咏柳(贺知章)	88
回乡偶书(贺知章)	90
登鹳雀楼(王之涣)	91
凉州词(王之涣)	93
春晓(孟浩然)	95
凉州词(王翰)	96
黄鹤楼(崔颢)	98
出塞(王昌龄)	100
山居秋暝(王维)	102
鸟鸣涧(王维)	104
鹿柴(王维)	105
九月九日忆山东兄弟(王维)	106
送元二使安西(王维)	108
将进酒(李白)	110
秋浦歌(李白)	114
静夜思(李白)	115
黄鹤楼送孟浩然之广陵(李白)	116
月下独酌(李白)	118
赠汪伦(李白)	120
早发白帝城(李白)	121

望庐山瀑布(李白)……………………………	123
逢入京使(岑参)……………………………	124
月夜(杜甫)…………………………………	126
春望(杜甫)…………………………………	128
石壕吏(杜甫)………………………………	130
春夜喜雨(杜甫)……………………………	133
绝句(杜甫)…………………………………	135
枫桥夜泊(张继)……………………………	137
滁州西涧(韦应物)…………………………	139
喜见外弟又言别(李益)……………………	141
游子吟(孟郊)………………………………	143
秋思(张籍)…………………………………	144
春怨(金昌绪)………………………………	145
江雪(柳宗元)………………………………	147
竹枝词(刘禹锡)……………………………	148
赋得古原草送别(白居易)…………………	149
问刘十九(白居易)…………………………	151
过华清宫(杜牧)……………………………	153
清明(杜牧)…………………………………	155
泊秦淮(杜牧)………………………………	156
江南春绝句(杜牧)…………………………	158
山行(杜牧)…………………………………	159
夜雨寄北(李商隐)…………………………	161
无题(李商隐)………………………………	162
乐游原(李商隐)……………………………	165
浪淘沙(李煜)………………………………	166
虞美人(李煜)………………………………	168
乌夜啼(李煜)………………………………	170

菩萨蛮(敦煌曲子词)·············· 172
浣溪沙(晏殊)·················· 173
雨霖铃(柳永)·················· 174
蚕妇(张俞)···················· 177
泊船瓜洲(王安石)··············· 178
饮湖上初晴后雨(苏轼)············ 180
题西林壁(苏轼)················ 181
惠崇春江晓景(苏轼)·············· 182
江城子(苏轼)·················· 184
水调歌头(苏轼)················ 187
念奴娇(苏轼)·················· 190
鹊桥仙(秦观)·················· 194
卜算子(李之仪)················ 196
满江红(岳飞)·················· 198
如梦令(李清照)················ 201
声声慢(李清照)················ 203
夏日绝句(李清照)··············· 206
钗头凤(陆游)·················· 208
卜算子(陆游)·················· 210
示儿(陆游)···················· 212
青玉案(辛弃疾)················ 213
丑奴儿(辛弃疾)················ 216
游园不值(叶绍翁)··············· 218
过零丁洋(文天祥)··············· 219
天净沙(马致远)················ 222
石灰吟(于谦)·················· 223
泥人儿(明代民歌)··············· 225
老天爷(明代民歌)··············· 226

论诗(赵翼)……………………………………… 227
高高山上一树槐(清代民歌)…………………… 229
己亥杂诗(龚自珍)……………………………… 230

关 雎

关关雎鸠①,在河之洲②。
窈窕淑女③,君子好逑④。

参差荇菜⑤,左右流之⑥。
窈窕淑女,寤寐求之⑦。

求之不得,寤寐思服⑧。
悠哉悠哉⑨,辗转反侧⑩。

参差荇菜,左右采之。
窈窕淑女,琴瑟友之⑪。

参差荇菜,左右芼之⑫。
窈窕淑女,钟鼓乐之⑬。

——《诗经·周南》

〔拼音〕

Guān guān jū jiū, zài hé zhī zhōu.
Yǎo tiǎo shū nǚ, jūn zǐ hǎo qiú.

Cēn cī xìng cài, zuǒ yòu liú zhī.

Yǎo tiǎo shū nǚ, wù mèi qiú zhī.

Qiú zhī bù dé, wù mèi sī fú.
Yōu zāi yōu zāi, zhǎn zhuǎn fǎn cè.

Cēn cī xìng cài, zuǒ yòu cǎi zhī.
Yǎo tiǎo shū nǚ, qín sè yǒu zhī.

Cēn cī xìng cài, zuǒ yòu mào zhī.
Yǎo tiǎo shū nǚ, zhōng gǔ yuè zhī.

〔注释〕

①关关:鸟类雌雄相和的鸣声。后泛指鸟鸣声。雎鸠:水鸟名,会捕鱼。
②洲:水中陆地。
③窈窕:娴静而美好。淑女:贤良而美好的女子。
④好逑:好的配偶。
⑤参差:高低长短不齐。荇菜:水生植物,嫩叶可食。
⑥芼:寻求;择取。
⑦寤寐:醒来或梦中。
⑧思服:思念。
⑨悠哉:形容思念之情绵绵不断。
⑩辗转反侧:在床上翻来覆去。
⑪琴瑟友之:弹奏琴瑟亲近她。
⑫芼:择取。
⑬钟鼓乐之:敲击钟鼓娱悦"淑女"。

〔英语注释〕

①关关：the joint chirping sound of male and female birds；雎鸠：It's a name of one kind of water birds which can catch fish.

②洲：a piece of land in the river

③窈窕：gentle and graceful；淑女：a gentle and fair maiden

④好逑：a good spouse

⑤参差：uneven in length；荇菜：name of a aquatic plant and the tender leaf of which is eatable

⑥流：to look for；to choose

⑦寤寐：be awake or in a dream

⑧思服：to miss

⑨悠哉：to describe the continuity of the feeling of missing

⑩辗转反侧：to toss and turn in bed

⑪琴瑟友之：to play musical instrument to be friend with her

⑫芼：to choose

⑬钟鼓乐之：to play bell and drum to please the "gentle and fair maiden"

〔日语注释〕

①关关：鳥類オス、メスの相和する鳴き声。転じて鳥の鳴き声を指す。

雎鸠：水鳥名。魚を捕るのを習しとする。

②洲：水中の陸地。

③窈窕：しとやかで美しい。淑女：善良で賢く美しい女性。

④好逑：よき伴侶。

⑤参差：長短そろわぬさま。荇菜：水生植物。若葉を食用に供す。

3

⑥流:求める。選ぶ。
⑦寤寐:目醒めている時或は夢の中で。
⑧思服:思い慕う。
⑨悠哉:絶えず思い続けるさま。
⑩辗转反侧:ベッドで何度も寝返りを打つ。
⑪琴瑟友之:琴・瑟を弾きかの女性と懇ろになる。
⑫芼:選ぶ。
⑬钟鼓乐之:鐘鼓を叩き"淑女"を楽しませる。

〔说明〕
　《关雎》是《诗经》的第一篇,是一首有名的情歌。雎鸠飞入河心的绿洲,引起河边小伙子的遐想:啊,那位河边采荇菜的姑娘,已经飞进我的心房。姑娘那美丽的身影,使我日夜思念;因为得不到她,使我"辗转反侧",难以入睡。小伙子不断想像着得到这位姑娘以后的欢乐场面。诗歌生动地刻画了一个单相思的小伙子的内心世界,读起来如见其人。这种对爱情的直接、大胆的描写,具有中国民歌的鲜明特征。为以后的民歌创作,开了个好头。

静　女①

静女其姝②,俟我于城隅③。
爱而不见④,搔首踟蹰⑤。

静女其娈⑥,贻我彤管⑦。
彤管有炜⑧,说怿女美⑨。

自牧归荑⑩,洵美且异⑪。
匪女之为美⑫,美人之贻。

——《诗经·邶风》

〔拼音〕

Jìng nǚ qí shū, sì wǒ yú chéng yú。
Ài ér bú jiàn, sāo shǒu chí chū。

Jìng nǚ qí luán, yí wǒ tóng guǎn。
Tóng guǎn yǒu wěi, yuè yì rǔ měi。

Zì mù kuì tí, xún měi qiě yì。
Fěi rǔ zhī wéi měi, měi rén zhī yí。

〔注释〕

①静女:举止文雅的女子。
②姝:美好。
③俟:等候。 城隅:城墙边上的角落。
④爱:通"薆",隐藏。
⑤搔首:用手抓挠自己的头发。 踟蹰:迟疑不定,要走不走的样子。
⑥娈:美好。
⑦贻:赠送。 彤管:红色管状物,这里应指初生的茅草。
⑧炜:光泽。
⑨说怿:喜爱,喜悦。说:通"悦"。女:通"汝",你。
⑩牧:郊外。 归:通"馈",赠送。 荑:初生的茅草。
⑪洵:实在是。
⑫匪:通"非"。

〔英语注释〕
①静女:maiden who is refined in manner
②姝:glorious
③俟:to wait；城隅:corner of a city wall
④爱:the same as"薆", to conceal
⑤搔首:to scratch one's hair；踟蹰:the state of hesitating in making decision and not knowing whether to go or not
⑥娈:fine
⑦贻:to offer a present；彤管:red tubulous thing, here referring to newly-grown wildgrass
⑧炜:luster；gloss
⑨说怿:to like；to feel happy；"说"–the same as"悦"；"女"–the same as"汝", here means you
⑩牧:suburb；归:to give as a present；荑:newly-grown wildgrass
⑪洵:It really is…
⑫匪:the same as"非"–here means be not

〔日语注释〕
①静女:しぐさが優雅な女性。
②姝:美しい。
③俟:待つ。
④爱:"薆"に同じ。隠れる。
⑤搔首:手で自分の頭髪を搔く。
　踟蹰:ためらうさま。帰ろうか否か迷う。
⑥娈:美しい。
⑦贻:贈る。

彤管:赤い管。ここではチガヤの新芽を指す。
⑧炜:光沢,つや。
⑨说怿:好む,喜ぶ。"说"は"悦"に同じ。
⑩牧:郊外。
　归:贈る。荑:チガヤの新芽。
⑪洵:全く。
⑫匪:"非"に通じる。

〔说明〕:

《静女》描写了一对青年男女约会的欢快场面。姑娘约小伙子在城边一个僻静的角落见面,当小伙子如约前往时,姑娘却藏了起来,急得小伙子"搔首踟蹰"。姑娘送给小伙子小小的礼物,小伙子欣喜若狂:并不是这礼物多么贵重,是因为它代表了姑娘的一片心意。诗歌在叙事的同时夹杂了心理描写,诗歌风格欢快有趣。

柏　舟①

泛彼柏舟②,在彼中河③。
髧彼两髦④,实维我仪⑤。
之死矢靡它⑥。
母也,天只⑦! 不谅人只⑧!

泛彼柏舟,在彼河侧。
髧彼两髦,实维我特⑨。
之死矢靡慝⑩!

母也，天只！不谅人只！

——《诗经·鄘风》

〔拼音〕

Fàn bǐ bǎi zhōu, zài bǐ zhōng hé。
Dàn bǐ liǎng máo, shí wéi wǒ yí。
Zhī sǐ shǐ mǐ tuō。
Mǔ yě, tiān zhǐ！bú liàng rén zhǐ！

Fàn bǐ bǎi zhōu, zài bǐ hé cè。
Dàn bǐ liǎng máo, shí wéi wò tè。
Zhī sǐ shǐ mǐ tè！
Mǔ yě, tiān zhǐ！bú liàng rén zhǐ！

〔注释〕

①柏舟：柏木做的船。
②泛：飘浮在水上。
③中河：即河中。
④髧：头发下垂的样子。两髦：头发中分，向两边梳成双髻，是古代未成年男子的发式。
⑤仪：匹配。这句是说：(那个泛舟于河上的人)才是我的配偶。
⑥之：到。矢：誓。靡它：无二心。这句是说誓不另嫁。
⑦也，只：都是语尾助词，带有感叹语气。这句呼母唤天，是痛心的表示。
⑧谅：体谅。
⑨特：配偶。
⑩靡慝：不变更。

〔英语注释〕

①柏舟:a boat made of cypress

②泛:to float on the river

③中河:in the middle of a river

④髧:the state of hair hanging down;两髦:In ancient times adolescents had their hairs split from the middle and worn in coils on both sides of their heads.

⑤仪:to match. The whole sentence is to say that the man floating in the boat was my spouse。

⑥之:to last until…;矢:oath;靡它:to be royal to. The whole sentence is to say that "I will never marry anyone else but him."

⑦也,只:Both are auxiliary words at the end of a sentence to express certain kind of mood. In this sentence the girl's crying to her mother and the sky is an act to express her sorrow.

⑧谅:to understand

⑨特:spouse

⑩靡慝:It will never change.

〔日语注释〕

①柏舟:ヒノキで作った船。

②泛:水上に漂い浮かぶ。

③中河:河の中央。

④髧:髪の垂れるさま。

两髦:古代未成年男子の髪型。中央で二つに分け、両側で髻に結ぶ。

⑤仪:(配偶者として)つり合いがとれる。この句は、その河に浮かぶ船の人こそ伴侶であるの意。

⑥之:行く。矢:誓う。靡它:二心が無い。この句は"誓ってよそには嫁がない。"の意。
⑦也,只:ともに語尾助詞感嘆の語気を表す。
母,天に呼びかけるこの句は,悲痛な気持と示している。
⑧谅:気持を察する。
⑨特:配偶者。
⑩靡慝:心変りしない。

〔说明〕
　　在诗歌中发出爱情的誓言,这恐怕是中国诗歌的第一首。《柏舟》中的女主人公爱上了一个"髧彼两髦"的小伙子,表示非他不嫁,可这却遭到家里人的反对。她发出悲愤的呼喊:母亲啊,老天爷啊,你们太不体谅我的心了! 诗歌表现了女主人公追求婚姻自由、反抗家长干预的愿望,感情色彩十分强烈。

伯　兮①

伯兮朅兮②,邦之桀兮③。
伯也执殳④,为王前驱⑤。

自伯之东⑥,首如飞蓬⑦。
岂无膏沐⑧? 谁适为容⑨?

其雨其雨⑩! 杲杲出日⑪。
愿言思伯⑫,甘心首疾⑬。

焉得谖草⑭,言树之背⑮?
愿言思伯,使我心痗⑯!

——《诗经·卫风》

〔拼音〕

Bó xī qiè xī, bāng zhī jié xī。
Bó yě zhí shū, wèi wáng qián qū。

Zì bó zhī dōng, shǒu rú fēi péng。
Qǐ wú gāo mù? shuí shì wéi róng?

Qí yǔ qí yǔ! gǎo gǎo chū rì。
Yuàn yán sī bó, gān xīn shòu jí。

Yān dé xuān cǎo, yán shù zhī bèi?
Yuàn yán sī bó, shǐ wǒ xīn mèi!

〔注释〕

①伯:古代妻子对丈夫的称呼。
②朅:英武的样子。
③邦:国家。桀:通"杰",杰出人才。
④殳:兵器名。
⑤前驱:先锋。
⑥之:往;去。
⑦首:头,这里指头发。飞蓬:飞散的蓬草。这里比喻女子散乱的头发。
⑧膏沐:古代妇女润发的油脂。

⑨适:悦乐;取悦。容:修饰容貌。这句是说,为取悦于谁而打扮呢?

⑩其雨:盼望下雨。

⑪杲杲:明亮的样子。这两句是说事与愿违。

⑫愿言:思念殷切的样子。

⑬首疾:头痛。

⑭焉得:安得;如何得到。谖草:即萱草,又名忘忧草。

⑮言:语助词。树:种。背:堂屋后面。

⑯痗:病;忧伤。

〔英语注释〕

①伯:a form that in ancient times a wife addressed her husband.

②朅:valiant state

③邦:country;桀:the same as "杰" – excellent and talented people

④殳:name of a weapon

⑤前驱:vanguard

⑥之:to go to;to go

⑦首:head, here referring to hair;飞蓬:rumpled bitter fleabane, here means the rough hair.

⑧膏沐:oil used in ancient times by women to make their hair wet

⑨适:entertain; to make happy;容:to make up. The whole sentence is to say that – "For whom thou make up?"

⑩其雨:to expect that it would rain

⑪杲杲:brightness. The sentence is to say that things go contrary to one's wishes.

⑫愿言：to miss deeply
⑬首疾：headache
⑭焉得：how to get；谖草：blue-forget grass
⑮言：a conjunction word；树：to plant；背：at the back of the central room
⑯痗：illness；sorrow

〔日语注释〕
①伯：古代、妻が夫を呼ぶ言葉。
②朅：勇猛なさま。
③邦：国家。桀：豪傑。
④殳：武器の一種。
⑤前驱：前衛。
⑥之：赴く、行く。
⑦首：頭。ここでは髪を指す。飞蓬：風のまにまに飛ぶ枯れヨモギ。ここでは女性の乱れ髪を指す。
⑧膏沐：古代女性の髪油。
⑨适：喜ばす、機嫌をとる。容：美しく身繕いする。この句は"誰を喜ばせるために化粧をするのか"の意。
⑩其雨：雨降りを心待ちにする。
⑪杲杲：明るいさま。この句は願いどおりにならないの意。
⑫愿言：ねんごろに思い慕うさま。
⑬首疾：頭が痛い。
⑭焉得：どうして～を得ようか。谖草：萱草。忘憂草(忘れ草)とも言う。
⑮言：語気助詞。樹：植える。背：母屋の裏。
⑯痗。憂え悲しむ。

13

〔说明〕

《伯兮》是最早的思妇诗。女主人公的丈夫出征,女主人公留在家里,一方面想像着丈夫英勇杀敌时的情景,为自己的丈夫感到自豪;一方面又饱尝思念之苦。"自伯之东,首如飞蓬,岂无膏沐,谁适为容?"这种对女子内心世界的刻画,成了千古名句。

木 瓜①

投我以木瓜,报之以琼琚②。
匪报也③,永以为好也④。

投我以木桃⑤,报之以琼瑶⑥。
匪报也,永以为好也。

投我以木李⑦,报之以琼玖⑧。
匪报也,永以为好也。

——《诗经·卫风》

〔拼音〕

Tóu wǒ yǐ mù guā, bào zhī yǐ qióng jū。
Fěi bào yě, yǒng yǐ wéi hào yě。

Tóu wǒ yǐ mù táo, bào zhī yǐ qióng yáo。
Fěi bào yě, yǒng yǐ wéi hào yě。

Tóu wǒ yǐ mù lǐ, bào zhī yǐ qióng jiǔ。
Fěi bào yě, yǒng yǐ wéi hào yě。

〔注释〕

①木瓜:植物名。果实可食。
②琼琚:精美的玉佩。
③匪:通"非"。报:报答。
④好:爱。
⑤木桃:果名,小于木瓜,味酸涩。
⑥琼瑶:美玉或美石。
⑦木李:又名"木梨",果名。
⑧玖:似玉的浅黑色石头。古代用作佩饰。琼玖:泛指美玉。

〔英语注释〕

①木瓜:name of a plant--oblonga--the fruit of which is edible
②琼琚:elegant jade pendant
③匪:the same as "非" - it means be not. 报:to repay
④好:love
⑤木桃:name of fruit, the size of which is smaller than oblonga and has an acid taste
⑥琼瑶:delegate jade or stone
⑦木李:another name for oblonga
⑧玖:jade-like stone of light black colour, used as pendant in ancient times; 琼玖:referring usually to delegate jade

〔日语注释〕

①木瓜:植物名。果実を食用に供す。

②琼琚:精緻で美しい玉の装身具。
③匪:"非"に通じる。報:報いる。
④好:愛する。
⑤木桃:果実名。木瓜より小さく涉く酸味。
⑥琼瑶:美しい玉石。
⑦木李:"木梨"とも言う。果実名。
⑧玖:玉に似た薄黒色の石。古代装身具に用いた。琼玖:広く美しい玉を指す。

〔说明〕

　　这是一首表现青年男女互送礼物以表示永远相好的情歌。诗中主人公收到对方赠送的礼物后,以精美的玉佩回赠给对方,又怕对方不理解自己的心意,反复强调"匪报也,永以为好也",这种爱情的大胆表露是以轻松自然的方式体现出来的。诗歌虽短,令人回味无穷。

大　车

大车槛槛①,毳衣如菼②。
岂不尔思③? 畏子不敢④!

大车啍啍⑤,毳衣如璊⑥。
岂不尔思? 畏子不奔⑦!

谷则异室⑧,死则同穴。

谓予不信⑨,有如皦日⑩!

——《诗经·王风》

〔拼音〕

Dà chē kǎn kǎn, cuì yī rú tǎn。
Qǐ bù ěr sī? wèi zǐ bù gǎn。

Dà chē tūn tūn, cuì yī rú mén。
Qǐ bù ěr sī? wèi zǐ bù bēn。

Gǔ zé yì shì, sǐ zé tóng xué。
Wèi yú bú xìn, yǒu rú jiǎo rì。

〔注释〕

①大车:特指载重的牛车。槛槛:象声词,牛车行进时的声音。
②毳衣:毡类毛织品制成的衣服。菼:初生的芦荻,青白色。这里是指乘车人所穿的衣服的颜色。
③尔:指上面说的穿毳衣的男子。
④子:你。
⑤啍啍:大车行进时发出的缓慢沉重的声音。
⑥璊:赤色的玉。
⑦奔:私奔。
⑧谷:生。这句是说,我们没有生在一起。
⑨不信:言而无信,说话靠不住。这句是说:如果认为我的话靠不住。
⑩皦日:明亮的太阳。这句是说有太阳作证。

〔英语注释〕

①大车：here refers to ox cart or carriage with heavy burden. 槛槛：onomatopoeia, here used to describe the sound of a moving carriage

②毳衣：a kind of dress made of felt and wool in ancient times; 菼：newly - grown reed, here referring to colours of clothes worn by carriage driver

③尔：refers to the man who wears the above-mentioned clothes

④子：you

⑤啍啍：the slow and heavy sound from the moving carriage

⑥璊：red jade

⑦奔：to elope

⑧谷：born. The whole sentence is to say that "We have not been able to be born at the same time and in the same place."

⑨不信：to break one's words; not being reliable. The whole sentence is to say that "If you think that my words are not reliable …"

⑩皦日：the shinning and bright sun. The sentence is to say that "I'll vow by the sun."

〔日语注释〕

①大车：ここでは荷を引く牛車を言う。槛槛：擬声語。牛車が進行する音。

②毳衣：フェルトなど毛織物で作った服。菼：蘆の新芽。ここでは車中の人の服の色を言う。

③尔：前述の"毳衣"を着た男子を指す。

④子：あなた。

⑤哼哼:大きな車が進行する時に出るゆるやかで重重しい音。
⑥璊:赤い玉。
⑦奔:駆け落ちする。
⑧谷:生きる。この句は"私たちは生きては添えない。"
⑨不信:言っても信じない。言うことが当てにならない。この句は"もし私の言うこそとが当てにならないと思うなら"の意。
⑩皦日:明るい太陽。この句は"太陽が証言してくれる"意。

〔说明〕

这首诗描写了一位大胆追求爱情的女子的内心世界。她强烈地爱上了一位男子,愿意和他约会,愿意和他私奔,甚至愿意与他同生共死。如果有谁不相信她这种感情,她愿指天发誓。可她目送着心中的情人乘车远去,却无法把心中的爱表露出来。因为她不知道她的情人有没有勇气跟她一起走。这种矛盾的心情使她只能把这些话对着自己诉说。

采 葛①

彼采葛兮②,一日不见,如三月兮!
彼采萧兮③,一日不见,如三秋兮④!
彼采艾兮⑤,一见不见,如三年兮!

——《诗经·卫风》

〔拼音〕

Bǐ cǎi gé xī, yí rì bú jiàn, rú sān yuè xī!
Bǐ cǎi xiāo xī, yí rì bú jiàn, rú sān qiū xī!
Bǐ cǎi ài xī, yí rì bú jiàn, rú sān nián xī!

〔注释〕

①葛：植物名。其纤维可以织布，块根可以吃。
②彼：指思念中的情人。
③萧：一种蒿子，有香气，古人采集用它来祭祀。
④三秋：通常人们把"三秋"用作"三年"之意。这首诗中应指三个季度，即九个月。
⑤艾：植物名，烧艾叶可以灸病。

〔英语注释〕

①葛：name of a plant, the fiber of which can be woven into cloth and the root of which is edible

②彼：refers to the sweetheart whom the poet missed

③萧：a kind of fragrant wormwood with which the ancient people used in sacrifice ceremonies

④三秋：People usually use "三秋" to refer to "three years". Here in this poem it should refer to three quarters of a year--that is nine months.

⑤艾：name of a plant-noxa, burning the leaf of it can cauterize people's pain and illness

〔日语注释〕

①葛：植物名。織維は機織に根は食用に供す。

②彼：思い慕う恋人の意。
③萧：ヨモギの一種。香気を放ち，古代人は採集し祭祀に用いた。
④三秋：通常"三年"の意と解すが，この詩では、三四半期，即ち九ケ月と解すべきである。
⑤艾：植物名。葉を燃し、灸となす。

〔说明〕
　　处在热恋中的青年男女,在分手的时间里,总是觉得时间过得特别慢。一天不见,就觉得过了很长的时间,好像过了三个月、三个季度、三年。这首诗就使这种思念之情跃然纸上。"一日三秋"成了脍炙人口的成语。

将仲子①

将仲子兮,无逾我里②,无折我树杞③。
岂敢爱之④,畏我父母。
仲可怀也⑤,父母之言,亦可畏也。

将仲子兮,无逾我墙,无折我树桑。
岂敢爱之,畏我诸兄。
仲可怀也,诸兄之言,亦可畏也。

将仲子兮,无逾我园,无折我树檀⑥。
岂敢爱之,畏人之多言。

仲可怀也,人之多言⑦,亦可畏也。

——《诗经·郑风》

〔拼音〕

Qiāng zhòng zǐ xī, wú yú wǒ lǐ, wú zhé wǒ shù qǐ.
Qǐ gǎn ài zhī, wèi wǒ fù mǔ.
Zhòng kě huái yě, fù mǔ zhī yán, yì kě wèi yě.

Qiāng zhòng zǐ xī, wú yú wǒ qiáng, wú zhé wǒ shù sāng.
Qǐ gǎn ài zhī, wèi wǒ zhū xiōng.
Zhòng kě huái yě, zhū xiōng zhī yán, yì kě wèi yě.

Qiāng zhòng zǐ xī, wú yú wǒ yuán, wú zhé wǒ shù tán.
Qǐ gǎn ài zhī, wèi rén zhī duō yán.
Zhòng kě huái yě, rén zhī duō yán, yì kě wèi yě.

〔注释〕

①将:愿;请。仲子:女主人公情人的名字。
②逾:越过。里:宅院,这里指院墙。
③杞:树名。这句是说,不要折断我家的杞树枝。
④爱:这里指舍不得;怜惜。之:指杞树。
⑤怀:思念。
⑥檀:树名。
⑦人之多言:外人说闲话。

〔英语注释〕

①将:to ask;仲子:name of the girl's sweetheart
②逾:to surmount;里:a house with a courtyard, here referring

to the courtyard wall

③杞：a kind of tree's name. This sentence means that "Don't break the crotch of the tree in the courtyard."

④爱：to grudge；之：the tree

⑤怀：to miss

⑥檀：a kind of tree's name

⑦人之多言：some people are fond of gossip.

〔日语注释〕

①将：願う。乞う。仲子：恋人の名前。

②逾：越える。里：家の中庭。ここでは中庭のへいを指す。

③杞：カワヤナギ。この句は"私の家のカワヤナギの枝と折らないで"の意。

④爱：惜しむ。之：杞を指す。

⑤怀：思い慕う。

⑥檀：木の名。

⑦人之多言：他人のうわさ。

〔说明〕

这是一首少女劝说情人的诗。古时候，青年男女的婚姻由父母作主，自己无法决定。男女之间萌发了爱情，只能偷偷地相会。诗中这位少女爱上了一位小伙子，但受传统思想的束缚，不敢与情人相会。少女劝告小伙子：千万不要在夜里爬墙进来，不要把墙内的树枝折断，因为这样会使别人发现我们约会的秘密。尽管我日夜思念着你，可我更怕父母、兄弟的责骂，以及其他人的闲话。诗歌通过少女充满矛盾的心理述说，使人对这对想爱又不敢爱的青年男女产生了极大的同情。

狡 童①

彼狡童兮,不与我言兮!
维子之故②,使我不能餐兮!

彼狡童兮,不与我食兮!
维子之故,使我不能息兮③!

——《诗经·郑风》

〔拼音〕

Bǐ jiǎo tóng xī, bù yǔ wǒ yán xī!
Wéi zǐ zhī gù, shǐ wǒ bù néng cān xī!

Bǐ jiǎo tóng xī, bù yǔ wǒ shí xī!
Wéi zǐ zhī gù, shǐ wǒ bù néng xī xī!

〔注释〕

①狡童:美少年。狡,通"佼"。
②维子之故:因为你的缘故。
③息:安息;安睡。

〔英语注释〕

①狡童:handsome young man;狡:the same as "佼"
②维子之故:It is all because of you that…

③息:to rest;to go to sleep

〔日语注释〕
①狡童:美少年。"狡"は"佼"に通じる。
②维子之故:あなたのせいで。
③息:憩う。静かに眠る。

〔说明〕
　　这首民歌描写了一位痛苦的失恋少女,因为心中爱慕的小伙子不与自己在一起,便吃不下饭,睡不着觉。诗虽不长,少女那心中的委屈与忧愁,却淋漓尽致地表现出来。

褰裳①

子惠思我②,褰裳涉溱③;
子不我思④,岂无他人?
狂童之狂也且⑤!

子惠思我,褰裳涉洧⑥;
子不我思,岂无他士?
狂童之狂也且!

——《诗经·郑风》

〔拼音〕
　　　　Zī huì sī wǒ, qiān cháng shè zhēn,

Zǐ bù wǒ sī, qǐ wú tā rén?
kuáng tóng zhī kuáng yě jū!

Zǐ huì sī wǒ, qiān cháng shè wěi。
Zǐ bù wǒ sī, qǐ wú tā shì?
kuáng tóng zhī kuáng yě jū!

〔注释〕

①褰:提起。裳:下身穿的衣裙。

②子:称男子。惠:恩爱;宠爱。这句是说,如果你真的爱我并且想念我。

③涉:过河。溱:古水名。

④子不我思:(如果)你不想我。

⑤狂童:轻狂少年。且:语尾助词。这句是说,你这个轻狂的小伙子太轻狂了!

⑥洧:古水名。

〔英语注释〕

①褰:to hold up;裳:dress

②子:a way to address man;惠:affectionate;dote on. The whole sentence is to say that "If you really love me and miss me, …".

③涉:to cross the river;溱:name of a river in ancient times

④子不我思:The sentence is to say that "If you don't miss me, …".

⑤狂童:boy whose behavior is extremely frivolous;且:auxiliary word used at the end of a sentence. This sentence is to say that-- "You young man are too frivolous".

⑥洧:name of a river in ancient times

〔日语注释〕
①褰:持ち上げる。裳:古代のはかま状の着物。
②子:男子。惠:いつくしむ。可愛がる。この句は"もしあなたが私をほんとうに愛し慕うなら"の意。
③涉溱:古代の川の名。
④子不我思:"もし私を愛していないのなら"の意。
⑤狂童:軽佻な若者。且:語尾助詞。この句は"軽佻な人、あなたという人は全く！"の意。
⑥洧:古代の川の名。

〔说明〕
　　这是一首具有欢快情调的山歌。也许,小伙子刚刚在山歌中跟姑娘开了个玩笑,姑娘在对歌时调皮地唱到:如果你是真心喜欢我,请你马上提起衣裳过河来;如果你不是真心喜欢我,难道就没有别的小伙子了吗？你这个轻狂的小家伙啊！诗歌生动地刻画了一个活泼、可爱、大胆、调皮的少女形象。至今中国还有一些少数民族,仍旧保持着这种以唱山歌的形式谈情说爱的习惯,我们可以从中了解这种古代有趣的风俗。

出其东门

出其东门,有女如云①。
虽则如云,匪我思存②。
缟衣綦巾③,聊乐我员④。

出其闉阇⑤,有女如荼⑥。
虽则如荼,匪我思且⑦。
缟衣茹藘⑧,聊可与娱⑨。

——《诗经·郑风》

〔拼音〕

Chū qí dōng mén, yǒu nǚ rú yún。
Suī zé rú yún, fěi wǒ sī cún。
Gǎo yī qí jīn, liáo lè wǒ yuán。

Chū qí yīn dū, yǒu nǚ rú tú。
Suī zé rú tú, fěi wǒ sī jū。
Gǎo yī rú lǘ, liáo kě yǔ yú。

〔注释〕

①如云:形容女子众多,如天上的云。
②思存:思念;念念不忘。
③缟衣:白色绢衣。綦巾:浅绿色围裙。
④聊:且。员:语尾助词。这两句是说,只有那个穿白衣绿裙的姑娘,才使我心中快乐。
⑤闉阇:城外的子城(包在城外的小城),也指城门。
⑥如荼:如茅、芦的白花,形容女子众多。
⑦思且:思念。
⑧茹藘:茜草,根可做绛红色染料。这里指绛红色衣服。
⑨娱:娱乐。

〔英语注释〕

①如云：to describe the numerous maidens like the clouds in the sky

②思存：kept in mind constantly

③缟衣：white silky clothes；綦巾：skirt in light green colour

④聊：anyhow；员：an auxiliary word of mood. This sentence is to say that "Only the girl in white clothes and green skirt can make me happy."

⑤闉闍：the gate of the minor division of a metropolitan city（including the extension of the old city）

⑥如荼：to describe that there are a lot of maidens like the white flowers of cogongrasses and reed catkins

⑦思且：to miss

⑧茹藘：a kind of grass, the root of which can be used as dying material for deep red, here referring to deep red clothes

⑨娱：to entertain

〔日语注释〕

①如云：天上の雲の如く、多くの乙女の意。

②思存：思い慕う。いつも心に掛けている。

③缟衣：白い絹の衣。綦巾：青い佩巾。

④聊：ひとまず。员：語気助詞。この二句は"あの白い衣と青い佩巾の女性こそが私の心を悦ばせてくれる。"の意。

⑤闉闍：城壁の外の小さい城。城門も指す。

⑥如荼：茅や蘆の白い花の如く、多くの女性の意。

⑦思且：思い慕う。

⑧茹藘：(植)アカネ。根は深紅の染料に用いる。ここでは

深紅の衣を指す。

⑨娱:楽しみ。

〔说明〕
　　这首民歌表现了男主人公对爱情的专一。在欢乐的游春活动中,许多漂亮的姑娘在他眼前走来走去,可没有一位能够打动他的心。他心中只爱着那位身穿白色绢衣的姑娘:只有她来到面前的时候,才会给他带来欢乐。从诗中男主人公的话语中,可以看出他对情人的一片真心。

溱　洧①

溱与洧方涣涣兮②,士与女方秉蕳兮③。
女曰:"观乎④?"
士曰:"既且⑤。"
"且往观乎⑥!洧之外洵訏且乐⑦。"
维士与女⑧,伊其相谑⑨,赠之以勺药⑩。

溱与洧浏其清矣⑪,士与女殷其盈矣⑫。
女曰:"观乎?"
士曰:"既且。"
"且往观乎!洧之外洵訏且乐。"
维士与女,伊其将谑⑬,赠之以勺药。

——《诗经·郑风》

〔拼音〕

　　　　Zhēn yǔ wěi fāng huàn huàn xī, shì yǔ nǚ fāng bǐng jiān xī。
　　　　Nǚ yuē:"Guān hū?"
　　　　Shì yuē:"Jì cú。"
　　　　"Qiě wǎng guān hū! Wéi zhī wài xún xū qiě lè。"
　　　　Wéi shì yǔ nǚ, yī qí xiāng xuè, zèng zhī yǐ sháo yào。

　　　　Zhēn yǔ wěi liú qí qīng yǐ, shì yǔ nǚ yīn qí yíng yǐ。
　　　　Nǚ yuē:"Guān hū?"
　　　　Shì yuē:"Jì cú。"
　　　　"Qiě wǎng guān hū! Wéi zhī wài xún xū qiě lè。"
　　　　Wéi shì yǔ nǚ, yī qí jiāng xuè, zèng zhī yǐ sháo yào。

〔注释〕

　　①溱洧:见《褰裳》注。
　　②涣涣:春天河水盛涨的样子。
　　③士与女:指游春的男男女女。秉:拿着。蕑:即"兰",香草名。
　　④观乎:去看看吗?
　　⑤且:去。既且:已经去过了。
　　⑥且:再;复。
　　⑦洵:实在是;的确是。訏:大。
　　⑧维:语助词。
　　⑨伊:发语词。相谑:互相调笑。
　　⑩勺药:即"芍药",植物名,花大而美。古代男女赠送芍药是为了深结情意。

31

⑪浏:水深而清澈的样子。
⑫殷:众多。盈:充满。
⑬将谑:同"相谑"。

〔英语注释〕
①溱洧:See the Notes of《褰裳》.
②涣涣:the state of river being full of water in the spring time
③士与女:refers to men and women who are seeking pleasure outside door during the season of spring. 秉:to take; 蕳:the same as "兰" - name for herb
④观乎:Would you like to have a look?
⑤且:to go; 既且:I have been there.
⑥且:again; for another time
⑦洵:It really is; indeed; 訏:big; large in size
⑧维:an auxiliary word
⑨伊:an empty word at the beginning of a sentence; 相谑:to make fun of each other
⑩勺药:the same as "芍药" - name of a plant - Chinese herbaceous peony - the flower of which is big and beautiful. In ancient times to send the flower is for the purpose of setting up intimate relationship.
⑪浏:water which is deep and clear
⑫殷:of large quantity; 盈:be full of
⑬将谑:the same as "相谑"

〔日语注释〕
①溱洧:《褰裳》の注を見よ。
②涣涣:春、川の水のみなぎるさま。

③士与女：春、川辺に遊ぶ男女。秉：手に持つ。兰："蘭"のこと，香草名。
④观乎：見に行かない？
⑤且：行く。既且：もう行って来た。
⑥且：再び，又。
⑦洵：ほんとうに，確かに。訏：広い。
⑧维：语尾助词。
⑨伊：発語の助字。相謔：互いにふざける。
⑩勺药：芍薬のこと，香草名。古代に男女が芍薬を贈るのは深い契りを結ぶしるし。
⑪浏：水が深く澄みきっているさま。
⑫殷：多いこと。盈：満ちているさま。
⑬将谑：⑨相謔に同じ。

〔说明〕
古代的郑国有"三月三"游春的风俗。每到这时候，都城郊外是一片热闹景象。诗中这对青年男女，已经来过这里，却受这欢乐气氛的感染，再次来这里游乐。他们嬉耍打闹着，欢快地游戏着，摘下美丽的芍药花，互致情意。这首诗以叙事的手法写成，诗中还穿插一些对话，生活气息极浓。

伐 檀

坎坎伐檀兮①，寘之河之干兮②，河水清且涟猗③。
不稼不穑④，胡取禾三百廛兮⑤？

不狩不猎,胡瞻尔庭有县貆兮⑥?
彼君子兮⑦,不素餐兮⑧!

坎坎伐辐兮⑨,寘之河之侧兮,河水清且直猗。
不稼不穑,胡取禾三百亿兮?
不狩不猎,胡瞻尔庭有县特兮⑩?
彼君子兮,不素食兮!

坎坎伐轮兮,寘之河之漘兮⑪,河水清且沦猗⑫。
不稼不穑,胡取禾三百囷兮?
不狩不猎,胡瞻尔庭有县鹑兮⑬?
彼君子兮,不素飧兮!

——《诗经·魏风》

〔拼音〕

Kǎn kǎn fá tán xī, zhì zhī hè zhī gān xī, hé shuǐ qīng qiě lián yī.
Bù jià bù sè, hú qǔ hé sān bǎi chán xī?
Bù shòu bù liè, hú zhān ěr tíng yǒu xuán huán xī?
Bǐ jūn zǐ xī, bù sù cān xī!

Kǎn kǎn fá fú xī, zhì zhī hé zhī cè xī, hé shuǐ qīng qiě zhí yī.
Bù jià bù sè, hú qǔ hé sān bǎi yì xī?
Bù shòu bù liè, hú zhān ěr tíng yǒu xuán tè xī?
Bǐ jūn zǐ xī, bù sù shí xī!

Kǎn kǎn fá lún xī, zhì zhī hé zhī chún xī, hé shuǐ qīng qiě lún yī.
Bù jià bù sè, hú qǔ hé sān bǎi qūn xī?
Bù shòu bù liè, hú zhān ěr tíng yǒu xuán chún xī?
Bǐ jūn zǐ xī, bù sù sūn xī!

〔注释〕

①坎坎：伐木声。
②寘：同"置"，放。干：岸。
③涟：漾起波纹。猗：语尾助词。
④稼：播种。穑：收获。
⑤三百廛：三百束。下面的"三百亿"、"三百囷"义同。
⑥瞻：看见。尔：你们，指那些不稼不穑、不狩不猎的"君子"。庭：院子。县：通"悬"。貆：獾子，兽名。
⑦君子：指那些不劳而获的剥削者。
⑧素餐：白吃饭。这句是反语，意思是，不是白吃饭吗？下面的"不素食兮"和"不素飧兮"义同。
⑨辐：车轮中的直木。伐辐：指砍伐做车辐的木材。
⑩特：三岁兽。
⑪漘：水边。
⑫沦：小波纹。
⑬鹑：鹌鹑，鸟名。

〔英语注释〕

①坎坎：the sound of cutting down trees
②寘：the same as "置" - to place; 干：bank of river
③涟：ripples; 猗：an auxiliary word of mood at the end of a sentence

④稼:to sow;穑:to reap

　⑤三百廛:three hundred bundles. The following "三百亿" and "三百囷" are of the same meaning.

　⑥瞻:to see;尔:you, here referring to those who never sow, reap or hunt 庭:courtyard;县:the same as "悬";貆:name of an animal badger

　⑦君子:referring to those exploiters who gained without working

　⑧素餐:to eat without working. Here it is used as an irony which means that "You don't eat without working, do you?" "不素食兮" and 不素飧兮" followed have the same meaning.

　⑨辐:the spoke of a wheel;伐辐:to cut down trees in making spokes

　⑩特:three-year-old animal

　⑪漘:bank of a river

　⑫沦:small ripples

　⑬鹑:quail

〔日语注释〕
　①坎坎:伐採の音。
　②寘:"置"に同じ。置く。干:岸。
　③涟:さざ波のたつ さま。猗:語尾助詞。
　④稼:作付けする。穑:收獲する。
　⑤三百廛:三百束。以下「三百亿」「三百囷」も同じ意。
　⑥瞻:見える。尔:あなた方、即ち田植えも刈り入れもしない。狩りにも行かない"君子"を指す。庭:中庭。县:「悬」に通じる。貆:獣名。ムジナの類。
　⑦君子:労せず利益を得る搾取する人々。

⑧素餐:むだ飯を食う。この句は反語。"まさかむだ飯は食いなさるまい"の意。"不素食兮""不素飧兮"ともに同じ意味。
⑨輻:車の輻(や)。伐輻:車の轂(こしき)と外輪との間をつらね支える木。)
⑩特:三歳の獣。大きい獣の意。
⑪漘:水辺。
⑫沦:さざ波。
⑬鹑:鳥名。ウズラ。

〔说明〕
　这是一首奴隶在伐木劳动中唱出的歌。中国有句古话:"不平则鸣。"奴隶们在繁重的劳动中,感觉到生活的不平等,发出一连串的责问:为什么生活是这样不公平? 为什么有的人从不种田,从不狩猎,他们的院子里却堆满了粮食和猎物? 他们不是白白地夺取我们的劳动果实吗? 这首歌唱出了奴隶们对剥削者的怨恨。诗歌的反复吟唱,更加强了奴隶们的愤怒感情。

硕　鼠①

硕鼠硕鼠,无食我黍②!
三岁贯女③,莫我肯顾④。
逝将去女⑤,适彼乐土⑥。
乐土乐土,爰得我所⑦。

硕鼠硕鼠,无食我麦!

三岁贯女,莫我肯德⑧。
逝将去女,适彼乐国。
乐国乐国,爱得我直⑨。

硕鼠硕鼠,无食我苗⑩!
三岁贯女,莫我肯劳⑪。
逝将去女,适彼乐郊。
乐郊乐郊,谁之永号⑫?

——《诗经·魏风》

〔拼音〕

Shuò shǔ shuò shǔ, wú shí wǒ shǔ!
Sān suì guàn rǔ, mò wǒ kěn gù。
Shì jiāng qù rǔ, shì bǐ lè tǔ。
Lè tǔ lè tǔ, yuán dé wǒ suǒ。

Shuò shǔ shuò shǔ, wú shí wǒ mài!
Sān suì guàn rǔ, mò wǒ kěn dé。
Shì jiāng qù rǔ, shì bǐ lè guó。
Lè guó lè guó, yuán dé wǒ zhí。

Shuò shǔ shuò shǔ, wú shí wǒ miáo!
Sān suì guàn rǔ, mò wǒ kěn láo。
Shì jiāng qù rǔ, shì bǐ lè jiāo。
Lè jiāo lè jiāo, shuí zhī yǒng háo?

〔注释〕

①硕鼠:大老鼠。

②黍:一种粮食作物。

③三岁:三年。这里泛指时间很长。贯:侍奉。女:通"汝",你。

④莫:不。顾:顾念;照顾。这句是说,不肯顾念我。

⑤逝:通"誓"。去:离开。

⑥适:往,到。乐土:安乐的地方。下面的"乐国"、"乐郊"义同。

⑦爰:乃;就。所:安居之处。这句是说,(在这里)就得到了安居之处。

⑧德:感恩。

⑨直:处所。

⑩苗:禾苗。

⑪劳:慰劳。

⑫永号:长叹。这句是说:谁还会长吁短叹呢?

〔英语注释〕

①硕鼠:big mouse

②黍:a kind of crop

③三岁:three years, here it means a quite long period of time. 贯:to serve;女:the same as "汝" - you

④莫:not;顾:to take care of;to look after. The whole sentence is to say that - "They won't take care of me."

⑤逝:the same as "誓";去:to leave;to go away

⑥适:to go to;乐土:a happy and comfortable place. The following "乐国" and "乐郊" are of the same meaning.

⑦爰:to be indeed;to be really;所:the place to inhabitant or live in happily. This sentence is to say that - (Is is just here) You can live a happy life.

⑧德：to be grateful to
⑨直：place
⑩苗：young cereal crops
⑪劳：to appreciate one's services with gifts
⑫永号：to have a deep sigh. The sentence is to say that "Then who will make a deep sigh?"

〔日语注释〕
①硕鼠：大きなネズミ。
②黍：穀物の一種。キビ。
③三岁：三年。三は多数の意。ここでは長い時間を指す。贯：目上の人にかしづく。女：「汝」に通じる。あなた。
④莫：不～ない。顾：心配する。配慮する。この句は「私のことなど」一向に気にかけようともしない。
⑤逝：「誓」に通じる。去：離れる。
⑥适：赴く。行く。乐土：安楽の地。ユートピア。以下「乐园」「乐郊」も同じ意味。
⑦爰：ついに。所：住むに適した場所。この句は「（ここに）安楽の場所を見い出した」の意。
⑧德：恩を與える。
⑨直：住むに宜しき所。
⑩苗：穀類作物の苗。
⑪劳：ねぎらう。
⑫永号：長く嘆息する。「誰も嘆き叫ぶこともあるまい。」の意。

〔说明〕
用比喻进行讽刺是这首民歌的特点。硕鼠是人人憎恶的东

西,用它来比喻那些不劳而获的剥削者,是再恰当不过的了。当劳动者对这种剥削忍无可忍,他们就开始幻想逃离这里,到一个没有剥削、没有压迫的美好世界中去。这首民歌表现了劳动者渴望过平等、自由生活的良好愿望。

蒹 葭①

蒹葭苍苍②,白露为霜。
所谓伊人③,在水一方④。
溯洄从之⑤,道阻且长。
溯游从之⑥,宛在水中央⑥。

蒹葭凄凄⑦,白露未晞⑧。
所谓伊人,在水之湄⑨。
溯洄从之,道阻且跻⑩。
溯游从之,宛在水中坻⑪。

蒹葭采采⑫,白露未已。
所谓伊人,在水之涘⑬。
溯洄从之,道阻且右⑭。
溯游从之,宛在水中沚⑮。

——《诗经·秦风》

〔拼音〕

Jiān jiā cāng cāng, bái lù wéi shuāng。

Suǒ wèi yī rén, zài shuǐ yì fāng。
Sù huí cóng zhī, dào zǔ qiě cháng。
Sù yóu cóng zhī, wǎn zài shuǐ zhōng yāng。

Jiān jiā qī qī, bái lù wèi xī。
Suǒ wèi yī rén, zài shuǐ zhī méi。
Sù huí cóng zhī, dào zǔ qiě jī。
Sù yóu cóng zhī, wǎn zài shuǐ zhōng dǐ。

Jiān jiā cǎi cǎi, bái lù wèi yǐ。
Suǒ wèi yī rén, zài shuǐ zhī sì。
Sù huí cóng zhī, dào zǔ qiě yòu。
Sú yóu cóng zhī, wǎn zài shuǐ zhōng zhǐ。

〔注释〕

①蒹：还没有长穗的芦苇。葭：初生的芦苇。苍苍：茂盛的样子。

②伊人：(所爱的)那个人。

③一方：一边，彼岸。

④溯洄：在岸上逆水流方向而上。从：追求。

⑤溯游：在岸上顺水流方向而下。

⑥宛：仿佛。这句意思是：(心中的情人)可望而不可即。

⑦凄凄：草木茂盛的样子。

⑧晞：干。

⑨湄：岸边，水和草相接之处。

⑩跻：高而陡。

⑪坻：水中的小块陆地。

⑫采采：茂盛的样子。

⑬涘:水边。
⑭右:迂曲。
⑮沚:水中小块陆地。

〔英语注释〕

①蒹:reed with no spike;葭:newly-grown reed 苍苍:the state of being luxuriant

②伊人:the one whom the poet loves

③一方:on one side;on the other bank of a river

④溯洄:to go against the current along the bank of the river;从:to woo

⑤溯游:to go downstream along the bank of the river

⑥宛:seem;as if. This sentence is to say that--"(the girl whom the poet loves)is in sight but beyond touch."

⑦凄凄:the flourishing state of trees and bushes

⑧晞:dry

⑨湄:at the edge of the bank where the water and grass are jointed together

⑩跻:high and steep

⑪坻:a piece of land in the river

⑫采采:the state of being luxuriant

⑬涘:by the river

⑭迂曲:tortuous

⑮沚:a piece of land in the river

〔日语注释〕

①蒹:(植)穂が出ていないアシ。葭:生えたばかりのアシ。苍苍:生い茂っているさま。

43

②伊人:思う人。
③一方:向う岸に。
④遡洄:流れをさか上って行く。从:追って行く。
⑤遡游:流れに沿って下って行く。
⑥宛:どうやら〜のようだ。この句は「意中の人は高嶺の花」の意。
⑦凄凄:草木が青々と茂っているさま。
⑧晞:かわく。
⑨湄:岸辺。水と草の相接する所。
⑩跻:高く険しい。
⑪坻:水中の中洲。
⑫采采:生い茂っているさま。
⑬涘:水のほとり。
⑭右:右に左に曲折している。
⑮沚:小さい中洲。

〔说明〕
　这是一首追求意中人而无法得到她(或者是"他")的情歌。主人公反复吟唱:自己所爱的人仿佛离自己很近,自己分明能够看到她的身影,可是却无法接近她。诗歌把那种对所爱的人可望而不可即的无奈心情,描写得淋漓尽致。全诗句子整齐,词语优美,谱曲后成为受人喜爱的歌曲,至今为人们所传唱。

上　邪①

上邪!

我欲与君相知②,长命无绝衰③。
山无陵④,江水为竭⑤,
冬雷震震,夏雨雪⑥,
天地合,
乃敢与君绝⑦!

——《乐府诗集·汉铙歌十八曲》

〔拼音〕

Shàng yé!
Wǒ yù yǔ jūn xiāng zhī, cháng mìng wú jué shuāi.
Shān wú líng, jiāng shuǐ wéi jié,
Dōng léi zhèn zhèn, xià yù xuě,
Tiān dì hé,
Nǎi gǎn yǔ jūn jué!

〔注释〕

① 上:指天,邪:感叹词。"上邪"即"天哪"。
② 相知:相好;相亲相爱。
③ 命:使、令。这句是说,让我们的爱情永不衰绝。
④ 陵:山峰。这句是说,高山变为平地。
⑤ 竭:干涸。
⑥ 震震:雷声。雨:动词,落;下。
⑦ 乃:才。

〔英语注释〕

① 上: to refer to the sky; 邪: an interjection word; 上邪 here means "Oh, good heaven!"

②相知:to be fallen in love;to love each other

③命:to let;to make. This sentence is to say that"Let our love be forever lasting".

④陵:summit. This sentence is to say that the high mountain has turned into land.

⑤竭:to dry up

⑥震震:the sound of thunder;雨:a verb, to drop

⑦乃:by then

〔日语注释〕

①上:天を指す。邪:感嘆詞。「上邪」とは「天よ!」の意。

②相知:愛し合う。

③命:～させる。この句は「私たち二人の愛が永遠に変わらないように。の意。

④陵:山の峰。この句は「高山が平地に変わろうとも」の意

⑤竭:水が涸れる。

⑥震震:雷の音。雨:動詞。降る。

⑦乃:やっと。

〔说明〕

这是一首爱情的誓言。诗歌以一个女子的口吻,连续用了五个比喻,表现自己对爱情的坚贞不渝:我一辈子爱你,只有在山峰倒塌、江水干涸、冬日打雷、夏天下雪、天地合为一体这五种情况同时发生的情况下,我才会离开你,而这五种情况无论哪一种都是难以发生或者是根本不可能发生的。姑娘那种一爱到底的执着性格也就跃然纸上了。诗中语言铿锵有力,带给人一种心灵的震撼。

上山采蘼芜①

上山采蘼芜,下山逢故夫②。
长跪问故夫③:"新人复何如④?"
"新人虽言好,未若故人姝⑤。
颜色类相似⑥,手爪不相如⑦。"
"新人从门入,故人从阁去⑧。"
"新人工织缣⑨,故人工织素⑩。
织缣日一匹⑪,织素五丈馀。
将缣来比素,新人不如故。"

——《玉台新咏》

〔拼音〕

Shàng shān cǎi mí wú, xià shān féng gù fū。
Cháng guì wèn gù fū: "Xīn rén fù hé rú?"
"Xīn rén suī yán hǎo, wèi ruò gù rén shū。
Yán sè lèi xiāng sì, shǒu zhuǎ bù xiāng rú。"
"Xīn rén cóng mén rù, gù rén cóng gé qù。"
"Xīn rén gōng zhī jiān, gù rén gōng zhī sù。"
Zhī jiān rì yī pǐ, zhī sù wǔ zhàng yú。
Jiāng jiān lái bǐ sù, xīn rén bù rú gù。"

〔注释〕

①蘼芜:一种香草,叶子可做香料。

②故夫:原来的丈夫。

③长跪:直身而跪,是表示恭敬的礼节。

④新人:故夫新娶的妻子。复:又。

⑤姝:美好。

⑥颜色:容貌。

⑦手爪:手艺;技艺。这里指织布的技术。相如:相同。

⑧阁:小门;侧门。

⑨工:擅长。缣:黄绢。

⑩素:白绢。比缣值钱。

⑪一匹:四丈。

〔英语注释〕

①蘼芜:name of a kind of herb, the leaf of which can be used as material for perfume

②故夫:one's ex-husband

③长跪:to kneel with one's body holding straight – a kind of courtesy to show respect

④新人:the new wife;复:for a second time

⑤姝:nice and beautiful

⑥颜色:appearance

⑦手爪:handicraft, here referring to the skill of weaving;相如:the same

⑧阁:small gate;side gate

⑨工:be good at;缣:yellow silk

⑩素:white silk which is more valuable than the yellow silk

⑪一匹:four Zhang – a Chinese measurement for length (one *Zhang* equals to about 3.3 meters)

〔日语注释〕
　①蘼芜:香草の一種。葉を香料に用いる。
　②故夫:かつての夫。
　③长跪:兩ひざをついて敬意を表すしぐさ。
　④新人:かつての夫が新しく娶った妻。复:又。
　⑤姝:美しく愛らしい。
　⑥颜色:容貌。
　⑦手爪:技術、腕前。ここでは布を織る技のこと。相如:～に同じ。
　⑧閤:くぐり戸。大きな門のかたわらにある小さな門。
　⑨工:すぐれている。缣:黄絹。
　⑩素:白絹。"缣"より高価。
　⑪一匹:四丈(一丈は約3.3メートル)。

〔说明〕
　　古代的"离婚"往往不是男女双方自觉自愿的,丈夫(甚至丈夫的父母)对妻子不满意,随便找个借口,就可以写一纸休书,把妻子打发回家而另娶,妻子往往有冤无处诉。这首诗描写一位被丈夫休回家的女子,在路上遇到旧日的丈夫,双方萌发了旧情。当这位女子听丈夫介绍后娶的妻子无论容貌还是织布技术都不如自己时,委屈地提到:当年就是你把我从家门中赶出去的。这首民歌采用男女问答形式,以自然而流畅的语言,表达了对这位女子的深深的同情。

观沧海①

东临碣石②,以观沧海。
水何澹澹③,山岛竦峙④。
树木丛生,百草丰茂。
秋风萧瑟⑤,洪波涌起。
日月之行,若出其中;
星汉灿烂⑥,若出其里。
幸甚至哉⑦,歌以咏志⑧。

——〈汉〉曹操

〔拼音〕

Dōng lín jié shí, yǐ guān cāng hǎi。
Shuǐ hé dàn dàn, shān dǎo sǒng zhì。
Shù mù cóng shēng, bǎi cǎo fēng mào。
Qiū fēng xiāo sè, hóng bō yǒng qǐ。
Rì yuè zhī xíng, ruò chū qí zhōng;
Xīng hàn càn làn, ruò chū qí lǐ。
Xìng shèn zhì zāi, gē yǐ yǒng zhì。

〔注释〕

①观沧海:曹操以乐府诗题《步出夏门行》所作四章的第一章。
②碣石:山名。在河北省秦皇岛附近。
③澹澹:水波荡漾的样子。

④竦峙:高高地耸立。
⑤萧瑟:形容风吹树木的声音。
⑥星汉:星斗银河,泛指满天的星星。
⑦幸:庆幸。甚:很。
⑧咏:歌咏。

〔英语注释〕
①观沧海: This is the first part of Cao Cao's《步出夏门行》, name for a topic in *Yuefu* poems.
②碣石: name of a mounain which is near Qinhuangdao, Hebei Province
③澹澹: the state of water being undulate
④竦峙: to rise straight up
⑤萧瑟: to describe the sound of wind passing the trees
⑥星汉: the Milky Way, here indicating the stars in the sky
⑦幸: rejoice; 甚: very much
⑧咏: to sing

〔日语注释〕
①观沧海:曹操作の楽府詩《步出夏門行》全四章の第一章。
②碣石:河北省秦皇島の近くにある山の名。
③澹澹:波打つさま。
④竦峙:高くそびえ立つ。
⑤萧瑟:風が木木を吹き渡る音。
⑥星汉:天の川。広く満天の星を指す。
⑦幸:喜び祝う。甚:とても。
⑧咏:歌う。

〔说明〕

　　曹操是中国历史上著名的政治家、军事家,他在文学创作上也独树一帜。他有二十多首乐府诗歌流传于世,这首诗是他在征战途中写的。他来到碣石山上,面对波涛汹涌的大海,借描写景色,抒发了宽广的胸怀。他的诗歌写得很有气势,语言也质朴流畅。

燕歌行①

秋风萧瑟天气凉②,草木摇落露为霜。
群燕辞归鹄南翔③,念君客游多思肠④。
慊慊思归恋故乡⑤,君何淹留寄他方⑥?
贱妾茕茕守空房⑦,忧来思君不敢忘,
不觉泪下沾衣裳。
援琴鸣弦发清商⑧,短歌微吟不能长。⑨
明月皎皎照我床⑩,星汉西流夜未央⑪。
牵牛织女遥相望⑫,尔独何辜限河梁⑬。

——〈魏〉曹丕

〔拼音〕

　　Qiū fēng xiāo sè tiān qì liáng, cǎo mù yáo luò lù wéi shuāng。
　　Qún yàn cí guī hú nán xiáng, niàn jūn kè yóu duō sī cháng。

Qiǎn qiǎn sī guī liàn gù xiāng, jūn hé yān liú jì tā fāng?

Jiàn qiè qióng qióng shǒu kōng fáng, yōu lái sī jūn bù gǎn wàng, bù jué lèi xià zhān yī cháng.

Yuán qín míng xián fā qīng shāng, duǎn gē wēi yín bù néng cháng.

Míng yuè jiǎo jiǎo zhào wǒ chuáng, xīng hàn xī liú yè wèi yāng。

Qiān niú zhī nǚ yáo xiāng wàng, ěr dú hé gū xiàn hé liáng。

〔注释〕

①燕歌行:乐府诗题。
②萧瑟:见曹操《观沧海》注⑤。
③鹄:天鹅。一作"雁"。
④多思肠:一作"思断肠"。
⑤慊慊:心中不满,怨恨。
⑥淹留:久留。寄:寄居;寄旅。
⑦贱妾:旧时女子自称的谦词。茕茕:孤独。
⑧援:取。清商:乐调名。
⑨"短歌"句:这句是说:因心中忧伤,只能发出短促的声音,而无法弹唱舒缓平和的歌曲。
⑩皎皎:洁白明亮的样子。
⑪星汉:见曹操《观沧海》注⑥。夜未央:夜已深而未尽。
⑫牵牛织女:两颗星名,分列于银河两侧。民间传说中牵牛织女为被拆散的夫妻。
⑬尔:指牵牛、织女。何辜:何罪;有什么罪。河梁:河上的桥。这句是说银河上无桥使牵牛织女无法相会。

〔英语注释〕

①燕歌行：name of a topic for *Yuefu* poems

②萧瑟：see the Note ⑤ of Cao Cao's《观沧海》.

③鹄：swan. Another version used "雁".

④多思肠：Another version used "思断肠".

⑤慊慊：not satisfied with; to have a grudge against sb.

⑥淹留：to stay for a long period of time; 寄：to live for a short period of time under other's roof

⑦贱妾：an ancient way for women to address themselves depreciatorily; 茕茕：lonely

⑧援：to take; 清商：name for a tune

⑨"短歌"句：This sentence is to say that one can not sing and play smooth music but can only send sort and husky sound due to the sorrow in one's heart.

⑩皎皎：whiteness and brightness of the moon

⑪星汉：See the Note ⑥ of Cao Cao's《观沧海》. 夜未央：the night is late but not end

⑫牵牛织女：the Altair (Cowhead) and Vega (Weaving Maid). It was said in folk tales that they were husband and wife who were forced to be seperated from each other.

⑬尔：to refer to the Cowhead and the Weaving Maid; 何辜：What is the guilt? 河梁：bridge over the river. This sentence is to say that the Cowhead and the Weaving Maid were separated since there's no bridge over the Milky Way. (according to Chinese folk tales)

〔日语注释〕
　①燕歌行：楽府の題名。
　②萧瑟：《观沧海》注⑤を見よ。
　③鹄：白鳥。一本「雁」に作る。
　④多思肠：一本「思断肠」に作る。
　⑤慊慊：心中やる方ない。
　⑥淹留：久しく滞在する。寄：身を寄せる。
　⑦贱妾：旧時、女性の謙譲自称。
煢煢：孤独なさま。
　⑧援：取る。清商：音調名。
　⑨「短歌…」の句：憂いと悲しみで、つまった声しか出ず、ゆったりとのびやかに歌うことができない。
　⑩皎皎：白く輝いて明るいさま。
　⑪星汉：《观沧海》の注⑥を見よ。夜未央：夜がまだ明けない。
　⑫牵牛织女：天の河の両側にある二つの星の名。民話伝説の織姫、彦星。
　⑬尔：牵牛、織女二星をさす。何辜：何の罪があるのか。河梁：河にかかる橋。この句は天の河には橋がないので牵牛、織女に会うことができないの意。

〔说明〕
　　和父亲曹操相比，曹丕的诗歌属于另一种风格。这首《燕歌行》可以说是现存最早的完整的七言诗。这首诗是以一位女子的口吻写成的。丈夫出门在外，妻子独自留在家中。当秋天到来的时候，女主人公眼望摇落的草木、回归的群燕，更增添了对丈夫的

思念。夜不能寐,仰望星斗,感觉夫妻就像被天河分开的牛郎织女,不知何时能够团聚。诗歌的语言凄凉哀婉,如泣如诉,令读者伤感。

野田黄雀行①

高树多悲风,海水扬其波②。
利剑不在掌③,结交何须多④?
不见篱间雀,见鹞自投罗⑤?
罗家见雀喜⑥,少年见雀悲。
拔剑捎罗网⑦,黄雀得飞飞⑧。
飞飞摩苍天⑨,来下谢少年。

——〈魏〉曹植

〔拼音〕

Gāo shù duō bēi fēng, hǎi shuǐ yáng qí bō。
Lì jiàn bù zài zhǎng, jié jiāo hé xū duō?
Bù jiàn lí jiān què, jiàn yào zì tóu luó?
Luó jiā jiàn què xǐ, shào nián jiàn què bēi。
Bá jiàn xiāo luó wǎng, huáng què dé fēi fēi。
Fēi fēi mó cāng tiān, lái xià xiè shào nián。

〔注释〕

①野田黄雀行:乐府诗题。
②悲风:劲疾凄厉之风。这两句是说,树大招风,海大扬波。

③利剑：喻权势。
④结交：一作"结友"。
⑤鹞：一种猛禽，又名雀鹰，比鹰小。罗：网。
⑥罗家：指张罗捕雀的人。
⑦捎：除。一作"削"。
⑧飞飞：飞得轻快的样子。
⑨摩：接触；迫近。摩苍天：形容飞得极高。

〔英语注释〕

①野田黄雀行：name of a topic of *Yuefu* poems

②悲风：gust wind. This sentence is saying that "Where the tree is big, the wind blows it; where the sea is huge, the wave swings."

③利剑：a metaphor to refer to power and influence

④结交：Another version used "结友".

⑤鹞：a kind of bird of prey, smaller than hawk；罗：net

⑥罗家：referring to the one who spread the net for sparrows

⑦捎：to cut off. Another version used "削".

⑧飞飞：the state of flying happily and at ease

⑨摩：to get in touch；摩苍天：to describe that the bird flies very high

〔日语注释〕

①野田黄雀行：楽府の題名。

②悲风：疾风。この二句は「木が大きければ風当たりも強く、、大洋であれば波も高い。

③利剑：権勢の喩え。

④结交：一本「結友」に作る。

57

⑤鹞:「雀鷹」とも言う。ハイタカ。罗:網。
⑥罗家:網を張り鷹を捕える人。
⑦捎:除く。一本「削」に作る。
⑧飞飞:軽快に飛ぶさま。
⑨摩:接近する。摩苍天:天に届くほど高く飛ぶさま。

〔说明〕

曹植因受其兄曹丕的排挤,郁郁不得志,他的诗也多反映这种心情。这首诗叙述了一位少年拔剑破网,救出被罗网束缚住的黄雀的故事,借此反映自己手中没有利剑,无法实现自己的远大抱负的苦闷心情。

归园田居①

种豆南山下,草盛豆苗稀。
晨兴理荒秽②,带月荷锄归③。
道狭草木长,夕露沾我衣。
衣沾不足惜,但使愿无违④。

——〈晋〉陶渊明

〔拼音〕

Zhòng dòu nán shān xià, cǎo shèng dòu miáo xī.
Chén xīng lǐ huāng huì, dài yuè hè chú guī.
Dào xiá cǎo mù cháng, xī lù zhān wǒ yī.
Yī zhān bù zú xī, dàn shǐ yuàn wú wéi.

〔注释〕
　①归园田居:本题共五首,这里选其中一首。
　②晨兴:早起。理荒秽:清除杂草。
　③带:一作"戴"。荷:肩扛。
　④愿无违:不要违背了当初的志愿。作者的志愿,就是隐居乡村,不与官场上那些人同流合污。

〔英语注释〕
　①归田园居:There are altogether 5 poems for the same topic. Here we only select one of them.
　②晨兴:to get up early;理荒秽:to get rid of the weeds
　③带:Another version used the word "戴";荷:to carry on the shoulder.
　④愿无违:Don't be against the original will. The poet's will was to live in seclusion in the countryside because he did not want to associate himself with the evil elements of the official circle.

〔日语注释〕
　①归园田居:全五首の一。
　②晨兴:朝早く起きる。理荒秽:雑草をすっかり取り除く。
　③带:一本「戴」に作る。荷:肩に担ぐ。
　④愿无违:初志が裏切られる事のないよう願う。作者の願望とは田舎に隠遁し官界の俗吏らとの交わりを絶つこと。

〔说明〕
　陶渊明在四十一岁以前做过小官,后因不愿"为五斗米折腰"去服侍那些鱼肉百姓的权贵而辞职回家,过着自给自足的隐居生

活。他自己种地,早出晚归,远离城市与官场,生活过得怡然自得。他写了很多有关劳动生活的诗歌,这首诗就是其中的一首。从这首诗中,我们可以看出诗人劳动后的快乐。而这种劳动乐趣也正是诗人的美好愿望。这首诗和陶渊明的其他许多诗一样,含有诗人乐天知命,远离现实的思想。

饮 酒①

结庐在人境②,而无车马喧。
问君何能尔③,心远地自偏。
采菊东篱下,悠然见南山④。
山气日夕佳⑤,飞鸟相与还⑥。
此中有真意⑦,欲辨已忘言。

——〈晋〉陶渊明

〔拼音〕

Jié lú zài rén jìng, ér wú chē mǎ xuān。
Wèn jūn hé néng ěr, xīn yuǎn dì zì piān。
Cǎi jú dōng lí xià, yōu rán jiàn nán shān。
Shān qì rì xī jiā, fēi niǎo xiāng yǔ huán。
Cǐ zhōng yǒu zhēn yì, yù biàn yǐ wàng yán。

〔注释〕

①饮酒:陶渊明作《饮酒》诗二十首,这里选其中一首。
②结庐:建造住宅。

③尔:如此。
④悠然:自得的样子。
⑤日夕:傍晚。
⑥相与还:结伴而归。
⑦真意:人生真正的乐趣。

〔英语注释〕
①饮酒:There are 20 poems for the same topic of 《Yin Jiu》written by Tao Yuanming, and here we select one of them.
②结庐:to build one's house
③尔:so
④悠然:the state of being quite at ease
⑤日夕:at dusk
⑥相与还:to come back in company
⑦真意:the real pleasure in life

〔日语注释〕
①饮酒:陶淵明作「飲酒」全二十首の一。
②结庐:粗末な家を立てる。
③尔:かくの如く。
④悠然:悠々自適する。
⑤日夕:夕方。
⑥相与还:連れ立って帰る。
⑦真意:人生の真の楽しみ。

〔说明〕
这是陶渊明《饮酒》组诗中的一首。诗中描写了诗人远离城市,远离官场后的闲适心情。诗人独自欣赏着美好的自然景物,忘

掉了尘世的一切烦恼,觉得自己在这里才真正找到了人生的乐趣。这首诗实际上也是诗人人生态度的一种表白。

子夜歌三首①

(一)

始欲识郎时,两心望如一②。
理丝入残机③,何悟不成匹④!

(二)

高山种芙蓉⑤,复经黄檗坞⑥。
果得一莲时⑦,流离婴辛苦⑧。

(三)

侬作北辰星⑨,千年无转移。
欢行白日心⑩,朝东暮还西⑪。

——《乐府诗集·吴声歌曲》

〔拼音〕

Shǐ yù shí láng shí, liǎng xīn wàng rú yī。
Lǐ sī rù cán jī, hé wù bù chéng pǐ!

Gāo shān zhòng fú róng, fù jīng huáng bò wù。
Guǒ dé yī lián shí, liú lí yīng xīn kǔ。

Nóng zuò běi chén xīng, qiān nián wú zhuǎn yí。

Huān xíng bái rì xīn, zhāo dōng mù xuán xī。

〔注释〕

①子夜歌:相传一个名叫子夜的女子作《子夜歌》,《乐府诗集》收集四十二首。这里选其中三首。

②望如一:希望两心如一。

③残机:残破的织机。

④何悟:哪里知道。

⑤芙蓉:荷花。

⑥黄檗:一种落叶乔木,树皮可入药,味苦。坞:地势四边高而中间凹的地方。

⑦果得:果然求得。

⑧流离:辗转;周折。婴:加。

⑨侬:我。北辰星:即北极星。

⑩欢:称所爱者。

⑪还:转。

〔英语注释〕

①子夜歌:It was said that a maiden named Zi Ye composed the poem《子夜歌》. There are 42 pieces by Zi Ye in Anthology of *Yuefu* Poetry and here we select three of them.

②望如一:to wish that two hearts could beat as one

③残机:old and broken weaving machine

④何悟:How shall I know?

⑤芙蓉:lotus

⑥黄檗:arbor, the leaf of which falls in winter and also the bark may be used as Chinese medicine with a bitter taste;坞:a place where the around area is higher than the middle part

⑦果得：to get at last

⑧流离：to pass through many hands and places；婴：and

⑨侬：I；北辰星：refers to the Polaris

⑩欢：to address to the beloved one

⑪还：to turn

〔日语注释〕

①子夜歌：子夜という名の女性が作ったと伝えられる詩歌。《樂府詩集》に四十二首収められている。そのうちの三首。

②望如一：二人の心が一つになるよう願う。

③残机：こわれた織機。

④何悟：どうして知ろうか（知る由もない。）

⑤芙蓉：ハスの花。

⑥黄檗：(植)キハダ。高さ三、四丈の喬木。幹の内皮は薬材とし苦い。坞：周りが高く中がくぼんだ所。

⑦果得：思った通り〜を得る。

⑧流离：転転と紆余曲折する。婴：つけ加わる。

⑨侬：私。北辰星：北極星。

⑩欢：愛される者。

⑪还：回る。

〔说明〕

《子夜歌》是南朝乐府民歌的一种。都是表现男女爱情的小诗。这三首诗的共同特点是借物抒情，并用谐音双关的方法委婉地表达自己的感情。第一首以残破的织机织不成匹来比喻男人对爱情的不专一，用"丝"来表示"思念"的"思"，用"布匹"的"匹"比喻"匹配"的"匹"。第二首以"芙蓉"、"莲"表示爱情，用"莲花"的"莲"

表示"怜爱"的"怜",说明得到真心爱怜很不容易。第三首以"北辰星"的"千年无转移"代表自己对爱情的专一,以朝东暮西的"白日"比喻对方在爱情上的转移。

子夜四时歌四首①

春歌

春风动春心,流目瞩山林②。
山林多奇采,阳鸟吐清音③。

夏歌

田蚕事已毕④,思妇犹苦身⑤。
当暑理絺服⑥,持寄与行人⑦。

秋歌

秋风入窗里,罗帐起飘扬⑧。
仰头看明月,寄情千里光⑨。

冬歌

渊冰厚三尺⑩,素雪覆千里⑪。
我心如松柏,君情复何似?

——《乐府诗集·吴声歌曲》

〔拼音〕

Chūn fēng dòng chūn xīn, liú mù zhǔ shān lín.

Shān lín duō qí cǎi, yáng niǎo tǔ qīng yīn.

Tián cán shì yī bì, sī fù yóu kǔ shēn.
Dāng shǔ lǐ chī fú, chí jì yǔ xíng rén.

Qiū fēng rù chuāng lǐ, luó zhàng qǐ piāo yáng.
Yǎng tóu kàn míng yuè, jì qíng qiān lǐ guāng.

Yuān bīng hòu sān chǐ, sù xuě fù qiān lǐ.
Wǒ xīn rú sōng bǎi, jūn qíng fù hé sì?

〔注释〕
①子夜四时歌：这是《子夜歌》的变曲，《乐府诗集》共收七十五首，其中《春歌》二十首；《夏歌》二十首；《秋歌》十八首；《冬歌》十七首。这里各选一首。
②流目：转动目光。瞩：注视。
③阳鸟：泛指阳春三月的鸟。
④田蚕：指耕田养蚕。
⑤思妇：因丈夫外出而忧思的妇人。苦身：身体劳累。
⑥绤：细葛布。
⑦行人：指出门在外的丈夫。
⑧罗：精致的丝织品。
⑨寄情千里光：通过月光寄情于千里之外。
⑩渊：深水潭。
⑪覆：覆盖。
⑫复：又。

〔英语注释〕

①子夜四时歌：This is a changed tune for《子夜歌》. There are 75 pieces of poems collected in Anthology of *Yuefu* Poetry, including 20 pieces of《春歌》, 20 pieces of《夏歌》, 18 pieces of《秋歌》 and 17 pieces of《冬歌》. Here we only select one poem respectively from each topic.

②流目：the turning eye；瞩：to gaze on

③阳鸟：refers to the spring birds.

④田蚕：to plough and to raise silkworms

⑤思妇：woman who was worrying for her husband's traveling afar；苦身：tired

⑥缔：tight-weaved ko-hemp cloth

⑦行人：refers to husband who's traveling afar.

⑧罗：fine silk fabric

⑨寄情千里光：to entrust one's feelings to the moonlight, hoping that it may reach the beloved one who is thousands of miles away

⑩渊：deep pool

⑪覆：to cover

⑫复：again

〔日语注释〕

①子夜四时歌：子夜歌の変形詩で《楽府詩集》に全部で七十五首収められている。春歌二十首、夏歌二十首、秋歌十八首、冬歌十七首のうちのそれぞれ一首ずつ選んだ。

②流目：視線をめぐらす。瞩：じっと見つめる。

③阳鸟：うららかな春三月の鳥を一般的に言う。

④田蚕：田を耕やし蚕を飼う。

⑤思妇:旅の夫を思う妻。苦身:苦労。
⑥绨:目の細かい葛布。
⑦行人:外地にいる夫。
⑧罗:手のこんだ美しい絹織物。
⑨寄情千里光:月光に頼んで遠く千里の涯に気持を伝える。
⑩渊:深い潭。
⑪覆:埋め尽くす。
⑫复:又。

〔说明〕
　　这是通过春、夏、秋、冬四时的变化,来抒发人物情感的组诗。春天到来的时候,春风打动春心,山林中那些美好的景物,都引起女子对爱情的渴望;夏天忙过收获季节,出门在外的丈夫还没有回家的消息,家中的妻子忙着给他做衣服寄去;秋天秋高气爽,一轮明月当头,更引起妻子对丈夫的思念,把连接双方思想感情的希望寄托给月亮;冬天花谢叶落,只有松柏常青,"我心如松柏",出门在外的丈夫会不会变心呢?这种借景抒情的艺术手法给人一种清新的感觉。

读曲歌①

打杀长鸣鸡,弹去乌臼鸟②。
愿得连冥不复曙③,一年都一晓④。

——《乐府诗集·吴声歌曲》

〔拼音〕

　　　Dǎ shā cháng míng jī, tán qù wū jiù niǎo。
　　　Yuàn dé lián míng bù fù shǔ, yī nián dū yī xiǎo。

〔注释〕

　　①读曲歌：南朝乐府民歌的一种,《乐府诗集》收《读曲歌》八十九首,这里选其中一首。
　　②弹：用弹丸射击。乌臼：鸟名,天将明时即叫。
　　③冥：黑夜。曙：天亮。
　　④都：总共。这句是说：希望一年只天亮一次。

〔英语注释〕

　　①读曲歌：a kind of Folk Song populated during the Southern Dynasty. There are 89 pieces of 《读曲歌》 in Anthology of *Yuefu Poetry* and here we only select one.
　　②弹：to shoot with pellets；乌臼：name of a bird which chirps at daybreaks
　　③冥：dark night；曙：daybreak
　　④都：altogether. This sentence is to say that "Wish that there would be only one daybreak a year."

〔日语注释〕

　　①读曲歌：南朝楽府体民歌の一つ。《楽府詩集》に収められている「読曲歌」八十九首の一。
　　②弾：はじき玉で打ち落とす。烏臼：鳥の名。夜が明ける頃鳴くという。
　　③冥：真夜中。曙：夜明け。

④都：全部で。この句は「夜明けが一年に一度だけであることを願う。」の意。

〔说明〕

　　这是一首直接、大胆抒发情感的民歌。当和自己相爱的人相聚的时候，真希望把报时的长鸣鸡和乌臼鸟都赶跑，让黑夜延长，一年才天亮一次。诗中语言虽然夸张，却是真情实感的具体体现。

拔蒲①

青蒲衔紫茸②，长叶复从风③。
与君同舟去，拔蒲五湖中④。

朝发桂兰渚⑤，昼息桑榆下⑥。
与君同拔蒲，竟日不满把⑦。

——《乐府诗集》

〔拼音〕

　　Qīng pú xián zǐ róng, cháng yè fù cóng fēng。
　　Yǔ jūn tóng zhōu qù, bá pú wǔ hú zhōng。

　　Zhāo fā guì lán zhǔ, zhòu xī sāng yú xià。
　　Yǔ jūn tóng bá pú, jìng rì bù mǎn bǎ。

〔注释〕

　　①蒲：水草名，嫩茎可以吃，叶子可做席、扇等。

②紫茸:蒲草上的紫色细茸花。
③复:又。从风:顺风摆动。
④五湖:这里泛指湖泊。
⑤渚:水中陆地。
⑥昼:指中午。
⑦竟日:终日,从早到晚。

〔英语注释〕
①蒲:name of a waterweed, the stem of which is edible and the leaf of which can be used to make mat and fan
②紫茸:the small purple flower of the above-mentioned waterweed
③复:again;从风:to swing with the wind
④五湖:here refers to lakes.
⑤渚:a piece of land in the river
⑥昼:midday
⑦竟日:all day long; from morning till night

〔日语注释〕
①蒲:水草の名。若い茎は食用、葉は蓆、扇などに加工される。
②紫茸:蒲草に咲く紫色の柔毛の花。
③复:又。从风:風になびくさま。
④五湖:広く湖を指す。
⑤渚:川の中の小島。
⑥昼:正午。
⑦竟日:終日。朝から晩まで。

〔说明〕

　　这首民歌写得十分巧妙,从字面上看,好像只写了一对青年男女一起去拔蒲,而当人们读完全诗,特别是读完最后一句"竟日不满把"时,才有恍然大悟的感觉:原来这是一首写得别有风趣的民歌。清早出门,日落才归,拔蒲一天,竟不满把,可见他们只顾谈情说爱,把拔蒲的事情都忘到脑后了。诗中对爱情一字未提,却不能不说是一首优美的爱情诗。

西洲曲①

忆梅下西洲②,折梅寄江北。
单衫杏子红③,双鬓鸦雏色④。
西洲在何处?两桨桥头渡。
日暮伯劳飞⑤,风吹乌臼树⑥。
树下即门前,门中露翠钿⑦。
开门郎不至,出门采红莲。
采莲南塘秋,莲花过人头。
低头弄莲子,莲子青如水。
置莲怀袖中,莲心彻底红。
忆郎郎不至,仰首望飞鸿⑧。
鸿飞满西洲,望郎上青楼⑨。
楼高望不见,尽日栏杆头。
栏杆十二曲,垂手明如玉。

卷帘天自高,海水摇空绿⑩。

海水梦悠悠,君愁我亦愁。

南风知我意,吹梦到西洲。

——《乐府诗集·杂曲歌辞》

〔拼音〕

Yī méi xià xī zhōu, zhé méi jì jiāng běi。
Dān shān xìng zǐ hóng, shuāng bìn yā chú sè。
Xī zhōu zài hé chù? liǎng jiǎng qiáo tóu dù。
Rì mù bó láo fēi, fēng chuī wū jiù shù。
Shù xià jí mén qián, mén zhōng lù cuì tián。
Kāi mén láng bù zhì, chū mén cǎi hóng lián。
Cǎi lián nán táng qiū, lián huā guò rén tóu。
Dī tóu nòng lián zǐ, lián zǐ qīng rú shuǐ。
Zhì lián huái xiù zhōng, lián xīn chè dǐ hóng。
Yì láng láng bù zhì, yǎng shǒu wàng fēi hóng。
Hóng fēi mǎn xī zhōu, wàng láng shàng qīng lóu。
Lóu gāo wàng bù jiàn, jìn rì lán gān tóu。
Lán gān shí èr qū, chuí shǒu míng rú yù。
Juǎn lián tiān zì gāo, hǎi shuǐ yáo kōng lǜ。
Hǎi shuǐ mèng yōu yōu, jūn chóu wǒ yì chóu。
Nán fēng zhī wǒ yì, chuī mèng dào xī zhōu。

〔注释〕

①西洲:今湖北省武昌附近的长江岸边有西洲。

②下西洲:到西洲去。

③红:一作"黄"。

④鸦雏色:小鸦羽毛的颜色。这里形容女子头发乌黑发亮。

⑤伯劳:鸟名。
⑥乌臼:落叶乔木,夏天开黄色小花。
⑦翠钿:用翠玉做成或镶嵌成的首饰。
⑧飞鸿:古人认为鸿雁可以传递书信。
⑨青楼:指女子居处。
⑩海水:以海水喻江水的浩渺无际,表示两人做了一个长梦。

〔英语注释〕

①西洲:It perhaps refers to the bank of the Changjiang River at Wuchang, Hubei province.

②下西洲:to go to Xizhou

③红:Another version used "黄".

④鸦雏色:the colour of the small crow, here used to refer to the dark, glossy hair of the maiden

⑤伯劳:name of a bird

⑥乌臼:a kind of arbor which has yellow flower in summer

⑦翠钿:jewelery inlaid with green jade

⑧飞鸿:The ancient people believed that wild goose could transmit letters.

⑨青楼:the place where the girl lives

⑩海水:sea water, which is used to refer to the vast expanse of the river

〔日语注释〕

①西洲:今の湖北省武昌付近の揚子江河岸。

②下西洲:西洲へ行く。

③红:一本「黄」に作る。

④鸦雏色:子ガラスの羽の色。ここでは女性の髪が黒くつ

ややかなことを表す。
　⑤伯劳:鳥の名。
　⑥乌臼:落葉喬木。夏に黄色の小さい花をつける。ナンキンハゼ。
　⑦翠钿:翡翠で作った或は象眼した装身具。
　⑧飞鸿:古代の人々は鴻雁(サカツラガン)がたよりを届けてくれると考えていた。
　⑨青楼:女性の住む所。
　⑩海水:広々と果てしない川を海に喩えている。

〔说明〕
　这是南朝乐府民歌中较长而且艺术性较高的一篇。它描写一个女子对江北情人的思念,全诗通过细节的描写,刻画出一个多情女子可爱的身影:从"折梅寄江北"到"低头弄莲子";从"仰首望飞鸿"到"望郎上青楼"。诗中的一幕又一幕情景,写出女子对情人思念至深。最后两句,把诗的意境推向高潮:"海水梦悠悠,君愁我亦愁。南风知我意,吹梦到西洲。"这清新的语言,动人的情景,给人以美的享受。

敕勒歌①

　　敕勒川②,阴山下③。
　　天似穹庐④,笼盖四野⑤。
　　天苍苍,野茫茫,风吹草低见牛羊⑥。

——《乐府诗集·杂歌谣辞》

〔拼音〕

  Chì lè chuān, yīn shān xià。

  Tiān sì qióng lú, lóng gài sì yě。

  Tiān cāng cāng, yě máng máng, fēng chuī cǎo dī xiàn niú yáng。

〔注释〕

  ①敕勒:中国古代北方民族名。
  ②川:平原。敕勒川:具体所在未详,当在敕勒人居住之地。
  ③阴山:北方一条山脉,在内蒙古自治区境内。
  ④穹庐:用毡搭成的帐篷。
  ⑤笼盖:笼罩。
  ⑥见:通"现"。

〔英语注释〕

  ①敕勒:an ancient nationality used to live in North China
  ②川:plain;敕勒川:The specific location is unknown. It should be in the territory where Chile people lived.
  ③阴山:a mountain in North China which lies within the present territory of Inner Mongolia Autonomy
  ④穹庐:a tent made of felt
  ⑤笼盖:to cover
  ⑥见:the same as "现"

〔日语注释〕

  ①敕勒:中国古代北方民族の名。
  ②川:平原。敕勒川:具体的な場所は未詳。敕勒族の住む草

原。
③阴山:北方の山脈の一つ。内蒙古自治区内にある。
④穹庐:毡通で作ったテント式住居。円形の包(パオ)のこと。
⑤笼盖:すっぽり覆う。
⑥见:现。現れる。

〔说明〕
　　这首北朝民歌,很有民族特色。诗中描写了北方草原的风光和游牧民族的生活情景。虽然只是短短几句,却使人觉得千里草原的风光尽收眼底。诗中的比喻也带有少数民族的特色。诗的最后一句:"天苍苍,野茫茫,风吹草低见牛羊"成为千古名句,至今为人们所称颂。

木兰诗①

　　唧唧复唧唧②,木兰当户织③。
　　不闻机杼声③,唯闻女叹息。
　　问女何所思? 问女何所忆?
　　"女亦无所思,女亦无所忆。
　　昨夜见军帖④,可汗大点兵⑤。
　　军书十二卷⑥,卷卷有爷名。
　　阿爷无大儿,木兰无长兄。
　　愿为市鞍马⑦,从此替爷征。"
　　东市买骏马,西市买鞍鞯⑧,

南市买辔头⑨,北市买长鞭。
朝辞爷娘去⑩,暮宿黄河边。
不闻爷娘唤女声,但闻黄河流水鸣溅溅⑪。
旦辞黄河去⑫,暮至黑山头⑬。
不闻爷娘唤女声,但闻燕山胡骑声啾啾⑭。
万里赴戎机⑮,关山度若飞⑯。
朔气传金柝⑰,寒光照铁衣⑱。
将军百战死,壮士十年归⑲。
归来见天子,天子坐明堂⑳。
策勋十二转㉑,赏赐百千强。
可汗问所欲,"木兰不用尚书郎㉒。
愿借明驼千里足㉓,送儿还故乡。"
爷娘闻女来,出郭相扶将㉔。
阿姊闻妹来,当户理红妆。
小弟闻姊来,磨刀霍霍向猪羊。
开我东阁门,坐我西阁床。
脱我战时袍,着我旧时裳。
当窗理云鬓,对镜帖花黄㉕。
出门看伙伴㉖,伙伴皆惊惶:
"同行十二年,不知木兰是女郎。"
雄兔脚扑朔㉗,雌兔眼迷离㉘。
双兔傍地走㉙,安能辨我是雄雌?

——《乐府诗集·横吹曲辞·梁鼓角横吹曲》

〔拼音〕

Jī jī fù jī jī, mù lán dāng hù zhī.

Bù wén jī zhù shēng, wéi wén nǚ tàn xī。
Wèn nǚ hé suǒ sī? wèn nǚ hé suǒ yì?
"Nǚ yì wú suǒ sī, nǚ yì wú suǒ yì。
Zuó yè jiàn jūn tiě, kè hán dà diǎn bīng。
Jūn shū shí èr juàn, juàn juàn yǒu yé míng。
Ā yé wú dà ér, mù lán wú zhǎng xiōng。
Yuàn wèi shì ān mǎ, cóng cǐ tì yé zhēng。"
Dōng shì mǎi jùn mǎ, xī shì mǎi ān jiān。
Nán shì mǎi pèi tóu, běi shì mǎi cháng biān。
Zhāo cí yé niáng qù, mù sù huáng hé biān。
Bù wén yé niáng huàn nǚ shēng, dàn wén huáng hé liú shuǐ míng jiān jiān。
Dàn cí huáng hé qù, mù zhì hēi shān tóu。
Bù wén yé niáng huàn nǚ shēng, dàn wén yān shān hú jì shēng jiū jiū。
Wàn lǐ fù róng jī, guān shān dù ruò fēi。
Shuò qì chuán jīn tuò, hán guāng zhào tiě yī。
Jiāng jūn bǎi zhàn sǐ, zhuàng shì shí nián guī。
Guī lái jiàn tiān zǐ, tiān zǐ zuò míng táng。
Cè xūn shí èr zhuàn, shǎng cì bǎi qiān qiáng。
Kè hán wèn suǒ yù, "mù lán bù yòng shàng shū láng,
Yuàn jiè míng tuó qiān lǐ zú, sòng ér huán gù xiāng。"
Yé niáng wén nǚ lǎi, chū guō xiāng fú jiāng。
Ā zǐ wén mèi lái, dāng hù lǐ hóng zhuāng。
Xiǎo dì wén zǐ lái, mó dāo huò huò xiàng zhū yáng。
Kāi wǒ dōng gé mén, zuò wǒ xī gé chuáng。
tuō wǒ zhàn shí páo, zhuó wǒ jiù shí cháng。
Dāng chuāng lǐ yún bìn, duì jìng tiē huā huáng。

Chū mén kàn huǒ bàn, huǒ bàn jiē jīng huáng:
"Tóng xíng shí èr nián, bù zhī mù lán shì nǚ láng."
Xióng tù jiǎo pū shuò, cí tù yǎn mí lí.
Shuāng tù bàng dì zǒu, ān néng biàn wǒ shì xióng cí?

〔注释〕

①木兰:传说中女扮男装替父从军的女英雄。
②唧唧:叹息声。
③机杼:指织布机。
④军帖:征兵的文书。
⑤可汗:古代西北各民族对其最高统治者的称呼。
⑥军书:征兵的名册。
⑦市:买。
⑧鞍鞯:马鞍和下面的垫子。
⑨辔头:拴马的笼头和缰绳。
⑩朝:一作"旦",早晨。
⑪溅溅:流水声。
⑫旦:早晨。
⑬至:一作"宿"。黑山:山名。
⑭燕山:山名,在今北京、河北省的北面。胡骑:北方民族的骑兵。啾啾:马鸣声。
⑮赴戎机:奔赴战场。
⑯度:越过。
⑰朔气:北方的寒风。金柝:即刁斗,用铜制成,白天当锅,夜晚用来报更。这句是说寒风中传来敲击金柝的声音。
⑱铁衣:战士身上穿的铁甲。
⑲壮士:指木兰。
⑳明堂:古代帝王宣明政教的地方。

㉑策勋:记功。十二转:连升十二级。

㉒尚书郎:官名,历代官位高低不等。这里喻高官。

㉓明驼:即骆驼。

㉔郭:外城。相扶将:相互搀扶。

㉕帖花黄:妇女粘贴或涂抹的面饰。帖,通"贴"。

㉖伙伴:同伍的士兵。

㉗扑朔:跳跃的样子。这句是说雄兔好动。

㉘迷离:迷糊不清的样子。

㉙傍地走:贴着地面跑。

〔英语注释〕

①木兰:According to the folk tale, the heroine Mu Lan who disguised as a man joined the army in the name of her father.

②唧唧:the sound of sighing

③机杼:to refer to the weaving machine

④军帖:the official dispatch for conscription

⑤可汗:a title used to address to the superior ruler among the nationalities in North-West China in ancient time

⑥军书:a name list for conscription

⑦市:to buy

⑧鞍鞯:the small piece of mat used under the saddle

⑨辔头:reins and bridle

⑩朝:morning, another version used "旦".

⑪溅溅:the sound of flowing water

⑫旦:morning

⑬至:another version used "宿". 黑山:name of a mountain

⑭燕山:name of a mountain which is north to Beijing in Hebei province; 胡骑:the calvary of the Northern nationality; 啾啾:the sound of neigh

⑮赴戎机：to go to the battle-field

⑯度：to over-pass

⑰朔气：the cold wind from the north；金柝：copper-made instrument which in daytime can be used as cauldron and at night can be used to sound the watches. The whole sentence is to say that you can hear the sound of the night watches through the cold wind.

⑱铁衣：the iron coat of mail worn by soldiers

⑲壮士：to refer to Mu Lan

⑳明堂：the place where in ancient time emperors used to declare their ruling policy

㉑策勋：to record as an exploit；十二转：to be promoted to a much higher rank

㉒尚书郎：name of an official, here used to refer to high officials

㉓明驼：to refer to camel

㉔郭：the out city；相扶将：to help each other by the arms

㉕帖花黄：the ornamental material which women put on their faces；帖：the same as "贴"

㉖伙伴：fellow soldiers

㉗扑朔：the state of jumping. This sentence is to say that the male hare is fond of jumping.

㉘迷离：the state of being unclear

㉙傍地走：to run by being close with the ground

〔日语注释〕

①木兰：父に代り男装し従軍した伝説上の女傑。

②唧唧：ため息。

③机杼：織機。
④军帖：徴兵文書。
⑤可汗：古代西北各民族の首領に対する呼称。
⑥军书：徴兵名簿。
⑦市：買う。
⑧鞍鞯：鞍とその下の敷物。
⑨辔头：くつわと手綱。
⑩朝：一本「旦」に作る。早朝。
⑪溅溅：水の流れる音。
⑫旦：早朝。
⑬至：一本「宿」に作る。黒山：山の名。
⑭燕山：山の名。今の北京、河北省の北にある。胡骑：北方民族の騎兵。啾啾：馬のいななき。
⑮赴戎机：戦場へ馳せ参じる。
⑯度：越える。
⑰朔气：冷たい北風。金柝：古代の野戦用炊事がま；昼間は炊事に用い、夜間は警報と時報に打ち鳴らした。この句は寒風の中「金柝」を打ち鳴らす音が伝わって来るの意。
⑱铁衣：兵士の鉄制鎧。
⑲壮士：木蘭を指す。
⑳明堂：古代の帝王が政務を執り行なった御殿。
㉑策勋：叙勲。十二转：一足飛びに十二級升級する。
㉒尚书郎：官名。歴代官位の高低には多少違いがある。ここは高官位と指す。
㉓明驼：ラクダ。
㉔郭：城廓。　　相扶将：互いに手を引き合う。
㉕帖花黄：化粧用飾りものの一種。
㉖伙伴：同じ隊伍の兵士。

㉗扑朔:跳びはねるさま。この句はオス兎のように活発なさまを言う。
㉘迷离:はっきり見えないさま。
㉙傍地走:地をはうように走る。

〔说明〕
　　这是一首长篇叙事诗,为我们讲述了一个女扮男装、替父从军的动人故事。诗中的女主人公木兰,是一个聪明、勇敢的女子,为了一家老小,她毅然女扮男装,替父亲上了战场。在前方,她英勇杀敌,屡立战功,驰骋疆场十二年,竟没有一个同伴发现她是女子。当功成名就时,她又谢绝了高官厚禄,回到自己的家乡。诗歌刻画了一个北方民族女英雄的形象,而语言却轻松活泼,充满乐观情绪。木兰从军成为在中国流传很广的故事。

送杜少府之任蜀州①

城阙辅三秦②,风烟望五津③。
与君离别意,同是宦游人④。
海内存知己,天涯若比邻⑤。
无为在歧路,儿女共沾巾⑥。

——〈唐〉王勃

〔拼音〕
　　Chéng què fǔ sān qín, fēng yān wàng wǔ jīn。
　　Yǔ jūn lí bié yì, tóng shì huàn yóu rén。

Hǎi nèi cún zhī jǐ, tiān yá ruò bǐ lín。
Wú wéi zài qí lù, ér nǚ gòng zhān jīn。

〔注释〕

①杜少府:作者的姓杜的友人,官居县尉,少府是县尉的尊称。之任:赴任。蜀州:一作"蜀川"。

②城阙:指长安城。三秦:泛指长安附近的关中之地,古代秦国之地。这句是说长安城以三秦为辅,宏伟壮观。

③五津:指蜀中五个渡口。这句是说遥望友人所去之处,但见风烟迷茫。

④宦游:为了做官而离家出游。

⑤比邻:近邻。

⑥无为:不用;用不着。歧路:岔路,指分手之处。这两句是说:不要效儿女之情,在分手时泪湿佩巾。

〔英语注释〕

①杜少府:a friend whose last name is Du and whose official position is county officer. "Shao Fu" is the special name for county officer. 之任:to go to fulfill one's career;蜀州:Another version used "蜀川".

②城阙:to refer to Chang'an city;三秦:to indicate the arround areas of Chang'an city which belonged to the territory of Qin in ancient times. This sentence is to say that based on San Qin areas Chang'an city is very magnificent.

③五津:to refer to the five ferries in the middle part of Shu. This sentence is to say that looking at the place where the friend has gone from afar, the author can see only wind and smoke.

④宦游:to leave home for an official post

⑤比邻：adjust neighbor

⑥无为：no need；歧路：arrayed way, here refering to the farewell place. This sentence means that it should not act like woman tearing the kerchief wet at separating time.

〔日语注释〕

①杜少府：作者の杜という友人。「县尉」(検察、警察を指揮する職)の官職にあった。少府は「县尉」の尊称。之任：赴任する。蜀州：一本「蜀川」に作る。

②城阙：長安の都を指す。三秦：長安付近の関中の地。古代、秦の国があった。この句は長安の都が三秦を輔翼となし雄大で壮観なさま。

③五津：蜀の五ク所の渡し場を指す。このを句は友人の赴く所を眺めると遙かにかすんで茫渺としているの意。

④宦游：官吏となるために故郷を離れる。

⑤比邻：隣り合せ。

⑥无为：〜するには及ばない。歧路：わかれ道。別れの場所。この二句は女・子供のように、別れの時に涙で巾をうるおすようなことはすまい。

〔说明〕

这是一首有名的赠别诗,诗中表现出主人公离别时的宽广胸怀。"海内存知己,天涯若比邻。"既然我们是相互了解的知己,那么即使远隔千山万水,我们仍会像邻居那样亲密,所以我们用不着像情人分手那样儿女情长。正是因为有了上面所引的两句,这首诗成为历史上的名篇,万古流传。

登幽州台歌①

前不见古人,后不见来者②
念天地之悠悠③,独怆然而涕下④。

——〈唐〉陈子昂

〔拼音〕

Qián bù jiàn gǔ rén, hòu bù jiàn lái zhě.
Niàn tiān dì zhī yōu yōu, dú chuàng rán ér tì xià.

〔注释〕

①幽州台:即蓟北楼,有古燕国遗迹。在今北京市北郊。
②古人:前代贤才。来者:后代贤才。
③悠悠:辽阔无际;久远。
④怆然:悲伤的样子。

〔英语注释〕

①幽州台:it refers to Ji Bei Lou, relics of the ancient country of Yan, lying in the north suburb of Beijing.
②古人:talented people of the ancients;来者:people of virtue of the coming generations
③悠悠:extensive and remote
④怆然:the state of being sad and sorrowful

〔日语注释〕

①幽州台:薊北楼のこと。古代燕国の遺跡がある。現在の北京市北部にある。

②古人:過去の賢才。来者:後世の賢才。

③悠悠:広漠として果てしない。悠久な。

④怆然:悲しむさま。

〔说明〕

陈子昂是初唐著名诗人,这首诗是他登上幽州台这座古建筑时写的。诗人回想过去,联想现实,展望未来,产生无穷的感慨:过去的贤人都已经不见了,当代的贤人也没出现,自己虽有一身才能却不被人理解,感到无比的孤独和苦闷,以致使人伤心落泪。诗的语调低沉,有一种伤感的情绪。

咏柳

碧玉妆成一树高①,万条垂下绿丝绦②。
不知细叶谁裁出,二月春风似剪刀。

——〈唐〉贺知章

〔拼音〕

Bì yù zhuāng chéng yī shù gāo, wàn tiáo chuí xià lǜ sī tāo.

Bù zhī xì yè shuí cái chū, èr yuè chūn fēng sì jiǎn dāo.

〔注释〕

①碧玉:指柳树碧绿如绿色的玉石一般。这句是说一树绿柳,高高地挺立在那里,像是用碧玉装饰而成的。另一说,碧玉是古代一小户人家出身的美女,婀娜多姿的柳树好似碧玉那凝妆而立的身姿。

②丝绦:丝带。这里形容柳条。

〔英语注释〕

①碧玉: refers to a green willow tree which was as green as jasper. The whole sentence means that the tall green willow tree was standing there and the branches seemed to be decorated with jasper. Another version is that Bi Yu was a beauty from an ordinary family in ancient China, and the willow tree was just like the slender and graceful figure of Bi Yu.

②丝绦: silk ribbon, referring to willow branches here

〔日语注释〕

①碧玉:柳の緑が緑色の玉のように美しいさま。この句は一本の青々とし柳の木がそこにすっくと立つさまは緑色の玉で着飾ったようだの意。又一説には「碧玉」には旧時貧家の愛くるしい娘の意味があり、たおやかで美しい柳を化粧を凝らした貧家の美少女に喩えるとも言う。

②丝绦:絹のリボン。柳の葉の形容。

〔说明〕

这是一首咏柳的佳作,写出了春天柳树的身姿。春天到来的时候,柳树变绿,像一座座碧玉雕成的美女形象,披上了一条条绿

色的丝带。最后两句描写十分奇特:诗人把细长秀美的柳叶,说成是二月春风裁剪后的佳作,比喻形象而又生动。这首诗也因此而流传于万千之家,表现出了强大的生命力。

回乡偶书①

少小离家老大回,乡音无改鬓毛衰②。
儿童相见不相识,笑问客从何处来。

——〈唐〉贺知章

〔拼音〕

Shào xiǎo lí jiā lǎo dà huí, xiāng yīn wú gǎi bìn máo cuī.
Ér tóng xiāng jiàn bù xiāng shí, xiào wèn kè cóng hé chù lái.

〔注释〕

①回乡偶书:本题共二首,这里选其中一首。
②无改:一作"难改"。衰:指人老时鬓发逐渐疏落。

〔英语注释〕

①回乡偶书:There are two poems under the same topic, and here we only select one of them.
②无改:Another version "难改". 衰:to indicate that the hair gradually got white and thin because of old age

〔日语注释〕

①回乡偶书:二首のうちの一首。

②无改:「难改」とする版本もある。衰:年老いて鬢や髪の毛が次第に白くまばらになること。

〔说明〕

这首诗写的是诗人因年纪大而辞官告老还乡时的真实情况。多年没有回家乡了,如今,虽然乡音没有改变,头发却早已脱落不少。乡里的孩子不认识他,把他看作客人,这使诗人百感交集。这首诗写得真实自然,生动有趣。

登鹳雀楼①

白日依山尽,黄河入海流。
欲穷千里目②,更上一层楼③。

——〈唐〉王之涣

〔拼音〕

　　Bái rì yī shān jìn, huáng hé rù hǎi liú.
　　Yù qióng qiān lǐ mù, gèng shàng yì céng lóu.

〔注释〕

①鹳(guàn)雀楼:在山西蒲州(今山西省永济市)西南城上。楼有三层,面对中条山,下临黄河,时有鹳雀栖息楼上,故名鹳雀楼。雀:一作"鹊"。

②穷:尽。这句是说:要想看得更远。
③更:再。

〔英语注释〕
①鹳(guàn)雀楼:on the south-west city wall of Puzhou (today is Yongji county of Shanxi province), the building has three floors and is opposite to Mount Zhong Tiao. The Yellow River runs below it. From time to time there are sparrows and storks stopped there to have a rest, and the name of the building was so came into being. 雀:Another version used "鹊".
②穷:to end. The sentence is to say that "If you want to see the sight in distance, then …".
③更:again

〔日语注释〕
①鹳(guàn)雀楼:山西蒲州(今の山西省永済県)の西南部城壁にある三層の楼。東南に中條山、眼下に黄河を望む名勝。コウノトリが巣をかけたところから名づけられた。雀:一本「鹊」に作る。
②穷:尽きる。この句は「更に遠くを見ようと思えば」の意。
③更:その上。

〔说明〕
这首诗写得很有气势。诗人登鹳雀楼远望,只见远方的太阳正从山边落下,黄河之水波涛汹涌,流向大海。这是多么壮观的情景啊!可这还不够,如果你想看到更远的地方,那么,请你再上一层楼吧!全诗仅四句,既写了景,又抒了情,是一篇不可多得的艺术精品。

凉州词①

黄河远上白云间,一片孤城万仞山②。
羌笛何须怨杨柳③,春风不度玉门关④。

——〈唐〉王之涣

〔拼音〕

Huáng hé yuǎn shàng bái yún jiān, yī piàn gū chéng wàn rèn shān。

Qiāng dí hé xū yuàn yáng liǔ, chūn fēng bù dù yù mén guān。

〔注释〕

①凉州词:唐代乐府曲名,最初以唱凉州一带边塞生活得名。题又作《出塞》。全诗共两首,这里选其中一首。
②仞:古人八尺或七尺叫做一仞。万仞山:形容极高的山。
③羌笛:一种乐器,出自羌中地区。何须:何必;何用。杨柳:柳树。古时有折柳送别习俗("柳"谐"留"音)。
④玉门关:关名,汉代设置,在凉州境内,今甘肃省玉门关西边。最后两句是说,玉门关外荒凉寒冷,寥寥几棵杨柳也得不到春风的抚慰,因此,不须吹笛埋怨杨柳给人带来的愁思。

〔英语注释〕

①凉州词:topic for the *Yuefu* POETRY of the Tang Dynasty, which originally got its name by describing the life of frontier fortress of Liang Zhou.《出塞》is another topic. There are two poems for this topic, and here we select one of them.

②仞: in ancient times, 7 or 8 Chi (1 Chi equals to 1/3 meter) equals to one Ren. 万仞山: very high mountain

③羌笛: a kind of musical instrument, which was originated in the middle part of Qiang area; 何须: It is not necessary to ⋯. 杨柳: willow. It was a custom in the ancient time, people snap off the twig when seeing their friends off (because the pronunciation of "柳" is similar to "留").

④玉门关: the name of a pass which was built during the Han Dynasty in the territory of Liang Zhou, and now it is in Gansu province – west to Yumen pass. The last sentence is to say that since it is desolate and cold outside the Yumen pass, there is no need to play the flute to complain about the sadness brought by the willow.

〔日语注释〕

①凉州词:唐代の楽府の曲名。最初涼州一帯の辺境の生活を詠っ所からこの名がある。「出塞」と作る版本もある。全詩二首からなるうちの一首。

②仞:古代では八尺或は七尺を一仞とした。万仞山:極めて高い山の喩え。

③羌笛:羌中地域から出た笛。何须:～する必要はない。楊柳:柳の木。古代に柳の枝を折り別れを惜しむ風習があった。(柳と留(客を留める)は同音)

④玉门关:関所の名。漢代に設置され涼州の地にあった。今の甘粛省敦煌の西部。後半の二句は玉門関の外は荒涼とした寒風吹きすさぶ地で,微々たる柳の木も暖かい春風の恩恵を受けるべくもない。だから笛を吹いてそうした憂いを怨んでもし

かたない。

〔说明〕
　　诗人王之涣的一生,大部分是在漫游中度过的,因此他的诗也多为写景诗。这首《凉州词》就是描写玉门关外的风景的。诗歌勾画了塞外的广阔与苍凉,在这里难以见到春天的景象。只要看看这里的情景,就足以勾起人们的愁思。这首诗语言悲壮,令人感动。

春晓

春眠不觉晓①,处处闻啼鸟。
夜来风雨声,花落知多少②?

——〈唐〉孟浩然

〔拼音〕
　　Chūn mián bù jué xiǎo, chù chù wén tí niǎo。
　　Yè lái fēng yǔ shēng, huā luò zhī duō shǎo。

〔注释〕
　　①晓:天亮。
　　②最后两句是说,昨夜听到风声雨声,该有多少花被吹落呢?

〔英语注释〕
　　①晓:daybreak
　　②The last sentence is to say that "How many flowers would

have fallen, since I heard the rain and wind last night?".

〔日语注释〕
　①晓：夜明け。
　②終りの二句はゆうべは風雨の音がしていたが、花はどれほど散ったかしらの意。

〔说明〕
　　这是一首清新的小诗。诗的前两句，给人的感觉是主人公贪睡，当他一觉醒来时，天已大亮，耳边传来百鸟的叫声。再看后两句，哦，不对，主人公听到了昨夜的风雨声，他一定是没睡好觉。现在醒来，第一个感觉就是，昨夜的风雨到底吹落了多少花朵呢？看来，这一定也是个爱花人。由于这首诗的语言清新自然，通俗易懂，成为家喻户晓的不朽之作。

凉州词①

葡萄美酒夜光杯②，欲饮琵琶马上催③。
醉卧沙场君莫笑④，古来征战几人回？

——〈唐〉王翰

〔拼音〕
　　Pú táo měi jiǔ yè guāng bēi, yù yǐn pí pá mǎ shàng cuī.
　　Zuì wò shā chǎng jūn mò xiào, gǔ lái zhēng zhàn jǐ rén huí.

〔注释〕

①凉州词：见王昌龄《凉州词》注。
②夜光杯：夜间发光的酒杯。这里以精致的酒杯指美酒。
③催：催饮。
④沙场：平坦的沙地，也指战场。

〔英语注释〕

①凉州词：see the Notes ① of 《凉州词》composed be Wang Changling
②夜光杯：wine cup which is luminous during the night, here referring to the good wine
③催：hurry up to drink
④沙场：flat sand land, also referring to battle field

〔日语注释〕

①凉州词：王之涣《凉州词》の注を見よ。
②夜光杯：夜中に光る杯。美しく立派な杯を言う。
③催：せきたてる。
④沙场：平らな砂地。戦場とも。

〔说明〕

这是一首令人伤感的诗歌。即将走上战场的士兵们，在喝最后的饯行酒，一个个喝得酩酊大醉仍不停杯。过路的朋友，请不要笑话我们的战士，明天他们就要走上战场，有谁能肯定自己不会牺牲在战场上呢？诗人在表现边塞战士意气豪壮的牺牲精神的同时，也间接指出了战争的残酷。

黄鹤楼①

昔人已乘黄鹤去②,此地空馀黄鹤楼。
黄鹤一去不复返,白云千载空悠悠③。
晴川历历汉阳树④,芳草萋萋鹦鹉洲⑤。
日暮乡关何处是⑥,烟波江上使人愁。

——〈唐〉崔颢

〔拼音〕

Xī rén yǐ chéng huáng hè qù, cǐ dì kōng yú huáng hè lóu。
Huáng hè yī qù bù fù fǎn, bái yún qiān zǎi kōng yōu yōu。
Qíng chuān lì lì hàn yán shù, fāng cǎo qī qī yīng wǔ zhōu。
Rì mù xiāng guān hé chù shì, yān bō jiāng shàng shǐ rén chóu。

〔注释〕

①黄鹤楼:在湖北武昌长江边。传说仙人子安乘黄鹤经过这里。一说三国蜀费文祎在此楼乘鹤登仙。
②昔人:指注①中所指仙人。
③悠悠:游荡;飘荡不定的样子。
④历历:清晰。汉阳:在武昌的西北,与黄鹤楼隔江相望。这句是说,隔着江水,汉阳的树木可以清清楚楚地看到。
⑤萋萋:茂密的样子。鹦鹉洲:武昌北面长江中的沙洲。

⑥乡关:故乡。

〔英语注释〕

①黄鹤楼:located near Changjiang River in Hubei province. It is said that Zi An, the celestial being, passed the building riding yellow crane. Another version said that during the Period of Three Kingdoms Fei Wen-yi, a man of the Shu Kingdom, became celestial being by climbing up a yellow crane in this building.

②昔人:refers to the celestial being mentioned in NOTE①.

③悠悠:to wander about; the state of being wandering about

④历历:very clear; 汉阳:in the north-west to Wuchang, which is opposite to the Huang He building. The whole sentence is to say that "Although separated by the river, the trees of Han Yang could be clearly seen."

⑤萋萋:the state of being flourishing; 鹦鹉洲:the sandbar in the Changjiang River, north to Wuchang

⑥乡关:hometown

〔日语注释〕

①黄鹤楼:湖北省武昌の揚子江沿いにある。伝説では、子安という仙人がここから黄鶴に乗り飛び去ったと言う。又一説には三国の蜀の費文褘がこの楼より鶴に乗り仙人になったと言う。

②昔人:注①の仙人を指す。

③悠悠:はるかな大空を漂い流れゆく気持ち。

④历历:ありありと目に映る。汉阳:武昌の西北にあり。長江を相隔てて黄鶴楼を望む地。この句は、長江を隔て、対岸の漢陽の樹木がくっきりと目に入るの意。

⑤萋萋:草木が生い茂ったさま。鹦鹉洲:武昌の北側の長江の中洲。

⑥乡关:郷里。

〔说明〕
　　武汉长江边上有一座黄鹤楼。登上黄鹤楼,长江两岸的风光尽收眼底。再回想古人在此乘鹤登仙的故事,怎能不使人发思古之幽情呢?眼望清晰可见的汉阳树以及芳草萋萋的鹦鹉洲,又怎能不引发人们的思乡之情呢?诗人借景生情,以优美的语言为人们描绘了一幅美丽的图画。

出塞①

秦时明月汉时关,万里长征人未还。
但使龙城飞将在②,不教胡马度阴山③。

——〈唐〉王昌龄

〔拼音〕
　　Qín shí míng yuè hàn shí guān, wàn lǐ cháng zhēng rén wèi huán。
　　Dàn shǐ lóng chéng fēi jiàng zài, bù jiào hú mǎ dù yīn shān。

〔注释〕
　　①出塞:乐府旧题。作者作《出塞》二首,这里选其中一首。
　　②龙城飞将:指汉朝威震龙城的飞将军李广。龙城:汉时匈奴

王庭所在地。一作"卢城"。

③教：通"叫"。胡马：指北方少数民族的军队。阴山：山名，在今内蒙古自治区南境。

〔英语注释〕

①出塞：an old topic of *Yuefu* POETRY. The poet made two poems under the same topic, and here we select one of them.

②龙城飞将：refers to the ferocious General Li Guang of the Han Dynasty. 龙城：name of a place where the king of Xiong Nu minority lived during the Han Dynasty. Another version used "卢城".

③教：the same as "叫"; 胡马：refers to the army of the north minority group. 阴山：name of a mountain, nowadays in the Inner Mongolia Autonomous Region

〔日语注释〕

①出塞：楽府の旧題。《出塞》と題する二首の一。

②龙城飞将：龍城に威名を轟かせた漢の名将、飛将軍李広の呼称。龙城：漢の時代匈奴王国の所在地。一本"卢城"と作る。

③教："叫"に同じ。胡馬：北方少数民族の軍隊を指す。陰山：山の名。今の内蒙古自治区南部にある。

〔说明〕

这也是一首有名的边塞诗。自汉至唐，边塞上的战争几乎就没有停止过。多少战士血洒疆场。诗人感慨道：假如汉朝的飞将军李广还在的话，就不会有如今的战乱了。

山居秋暝①

空山新雨后,天气晚来秋。
明月松间照,清泉石上流。
竹喧归浣女②,莲动下渔舟③。
随意春芳歇,王孙自可留④。

——〈唐〉王维

〔拼音〕

kōng shān xīn yǔ hòu, tiān qì wǎn lái qiū。
Míng yuè sōng jiān zhào, qīng quán shí shàng liú。
Zhú xuān guī huàn nǚ, lián dòng xià yú zhōu。
Suí yì chūn fāng xiē, wáng sūn zì kě liú。

〔注释〕

①暝(míng):夜晚。
②浣:洗。浣女:洗衣服的女子。这句是说:听竹林喧闹,知是洗衣女归来。
③这句是说:见莲花摇动,知是渔船沿水下行。
④春芳:春天的花草。歇:消失,凋谢。最后两句是针对古人"王孙兮归来,山中兮不可以久留"之语,反用其意,意思是春花就随它凋谢吧,王孙仍可留在山中。

〔英语注释〕

①暝(míng):evening

②浣：to wash；浣女：the maiden who is washing clothes. This sentence is to say that the poet knew the washing maiden is coming back from the bustle in the bamboo grove.

③This sentence is to say that the poet knew that the fishing boat is flowing down the river from the waving of the lotus.

④春芳：the flowers and grass of the spring；歇：to disappear；to wither. The last sentence is according to the sentences in an ancient poem—"王孙兮归来，山中兮不可以久留"，but here the meaning is just the contrary that：Let the spring flowers fall, then the princes could stay in the mountain.

〔日语注释〕

①暝(míng)：夜、晚。

②浣：洗う。浣女：洗濯する女性。この句は竹林か騒がしいのは洗濯女たちが帰って来たのだったの意。

③この句は、ハスの花が揺れ動いているのは、漁師たちが船で川を下って来にのだったの意。

④春芳：春の草花。歇：消えてしまう。しぼんで散ってしまう。終りの二句は、古人の"王孫兮归来、山中兮不可以久留"の詩句をふまえ、意味を逆用し、春の花はしぼんで散ってしまうがよい。王孫はいつまでも山の中に居つづけよう、との意。

〔说明〕

王维是唐代有名的诗人，也是一位有名的画家。人们在评价他时，说他"诗中有画，画中有诗"。这首诗描写了秋天傍晚雨后的山村之景。那明月、松林、清泉、山石，构成一幅美丽的图画。除此之外，还有对景外之物的描写：当你听到竹林的喧闹声时，你会意识到那是洗衣服的女子回来了；当你看到摇动的莲叶时，你会知道

那是渔船在沿水划动。针对古人"山中不可以久留"的话语,诗人感慨道:如果王孙看到这里秋天的景色,也会留住在山中的。

鸟鸣涧①

人闲桂花落②,夜静春山空。
月出惊山鸟,时鸣春涧中。

——〈唐〉王维

〔拼音〕

Rén xián guì huā luò, yè jìng chūn shān kōng.
Yuè chū jīng shān niǎo, shí míng chūn jiàn zhōng.

〔注释〕

①涧(jiàn):山间流水的沟。
②闲:静。这里指人烟稀少。

〔英语注释〕

①涧(jiàn):mountain stream
②闲:silent; to be sparsely populated

〔日语注释〕

①涧(jiàn):谷間。
②闲:静寂である。ここでは人家もまばらな事を指す。

〔说明〕

　　这也是王维的一首写景诗。这首诗的写法是动与静的结合。桂花落了,人也去了,山中的夜是那么静。这时,月亮慢慢地爬上树梢,突然惊动了山中的小鸟,不时发出一两声惊叫,在空谷中传来久久的回声。这种由静到动的描写,使他的写景诗达到了顶峰。

鹿柴①

空山不见人,但闻人语响。
返景入深林②,复照青苔上。

——〈唐〉王维

〔拼音〕

　　Kōng shān bù jiàn rén, dàn wén rén yǔ xiǎng.
　　Fǎn yǐng rù shēn lín, fù zhào qīng tái shàng.

〔注释〕

　　①鹿柴(zhài):地名。柴,通"寨"。
　　②景:同"影"。返景:返照的阳光。

〔英语注释〕

　　①鹿柴(zhài):name of a place;柴:the same as "寨"
　　②景:the same as "影";返景:the reflecting sunlight

〔日语注释〕
　①鹿柴(zhài):地名。柴:"寨"に通ずる。
　②景:"影"に同じ。返景:沈みかかった夕日の照り返し、夕映え。

〔说明〕
　这哪里是诗啊？简直就是一幅风景画,与画不同的是,这里面有"人语响"。阳光穿透密林,照在林中的青苔上,这不是我们很多人都见过的美景吗？再加上"人语响",整幅画就活起来了。

九月九日忆山东兄弟①

独在异乡为异客,每逢佳节倍思亲。
遥知兄弟登高处,遍插茱萸少一人②。

——〈唐〉王维

〔拼音〕
　Dú zài yì xiāng wéi yì kè, měi féng jiā jié bèi sī qīn。
　Yáo zhī xiōng dì dēng gāo chù, biàn chā zhū yú shǎo yī rén。

〔注释〕
　①九月九日:即重阳节。按古代风俗,这一天应身插茱萸登高,以避灾祸。山东:指华山以东,作者的故乡。
　②茱萸:一种植物,据说重阳节佩戴茱萸可以避邪。少一人:

作者想像兄弟们登高时一定会想起不在家乡的他。

〔英语注释〕

①九月九日：refers to the traditional Chinese Festival of Chong Yang. According to the ancient custom, people should carry the trigs of a kind of plant called Zhu Yu when climbing mountains in order to avoid bad luck. 山东：refers to the east of Hua Mount which was the hometown of the poet.

②茱萸：a kind of plant. It is said that to wear it during the Chong Yang Festival can avoid bad luck. 少一人：The poet imagined that his brothers when climbing mountain must remember him, who was not at home

〔日语注释〕

①九月九日：重陽節。古代の風習によれば、この日茱萸の枝を挿し、高い所に登り菊酒を飲み一年の災厄を払ったと言う。

山东：華山以東の地を言い、作者の郷里。

②茱萸：(植)和名、カワハジカミ。重陽節の頃、赤く小さな実を結び、頭に挿せば、魔よけになると言われている。少一人：作者は郷里の兄弟が丘に登って一人遠く異郷にいる作者を偲んでいるだろうと想像している。

〔说明〕

这是王维所写的著名诗篇。九月九日是重阳节，这一天有登高的习俗，人们还要佩带茱萸以避灾祸。诗人想像在重阳这一天，远在家乡的全家老小一定会去登高，而且一定会思念不在家乡的自己。诗中不谈自己如何思念亲人，而去设想亲人如何思念自己，写法十分奇特。正因为节日、思乡是永恒的主题，诗中"每逢佳节

倍思亲"成为脍炙人口的佳句。

送元二使安西①

渭城朝雨浥轻尘②,客舍青青柳色新。
劝君更尽一杯酒③,西出阳关无故人④。

——〈唐〉王维

〔拼音〕

　　Wèi chéng zhāo yǔ yì qīng chén, kè shè qīng qīng liǔ sè xīn。

　　Quàn jūn gèng jìn yī bēi jiǔ, xī chū yáng guān wú gù rén。

〔注释〕

　　①元二：名字不详。"二"是在兄弟中的排行。唐人有以排行互相称呼之习惯。
　　②渭城：地名,秦时的咸阳城,汉改称渭城。在今陕西省咸阳市东。浥：沾湿；湿润。
　　③更：再；又。尽：一作"进"。
　　④阳关：在今甘肃省敦煌县西南,为古时出塞要道。

〔英语注释〕

　　①元二：the person's exact name is unknown. "二" is the sencond eldest son in a family. It was a custom for people in the Tang Dynasty to address people by there seniority among brothers and sisters.

②渭城：name of a place. Xianyang city in the Qin Dynasty was changed into Wei City in the Han Dynasty, and today it is east to Xianyang, Shanxi Province 浥：to make it wet

③更：again；尽：Another version used "进".

④阳关：south-east to Dunhuang in Gansu province which in ancient times was an important fortress to enter into the central part of China

〔日语注释〕

①元二：名前不詳。「二」は兄弟で上から二番目の意味。唐時代、長幼の順で互いに呼称し合う習慣があった。

②渭城：地名。秦代の咸陽の都を漢代には渭城と改めた。今の陝西省咸陽市の東部。浥：ひたす、潤す。

③更：さらに、もっと。尽：一本"进"に作る。

④阳关：現在の甘粛省敦煌県西南部にあり、古代塞外の地に行く際の要道。

〔说明〕

这是一首有名的送别诗。朋友要走了，去的又是交通不便、人烟稀少的地方，就更容易引起主人的伤感。主人不知怎样劝慰朋友才好，只是一再劝酒，心中的话到嘴边只有一句：多喝一点儿吧，从今往后，我们难得相见，你只能自己保重了。这首诗在古代就被谱上曲子，人们送别朋友时反复吟唱，这就是著名的《阳关曲》，又称《阳关三叠》，可见这首诗在中国的影响是相当大的。

将进酒①

君不见黄河之水天上来,奔流到海不复回。
君不见高堂明镜悲白发,朝如青丝暮成雪②。
人生得意须尽欢,莫使金樽空对月③。
天生我材必有用,千金散尽还复来。
烹羊宰牛且为乐,会须一饮三百杯④。
岑夫子,丹秋生⑤,将进酒,杯莫停。
与君歌一曲,请君为我侧耳听⑥。
钟鼓馔玉不足贵⑦,但愿长醉不复醒。
古来圣贤皆寂寞⑧,惟有饮者留其名。
陈王昔时宴平乐⑨,斗酒十千恣欢谑⑩。
主人何为言少钱,径须沽取对君酌⑪。
五花马,千金裘⑫,呼儿将出换美酒⑬,
与尔同销万古愁⑭。

——〈唐〉李白

〔拼音〕

Jūn bù jiàn huáng hé zhī shuǐ tiān shàng lái, bēn liú dào hǎi bù fù huí.
Jūn bù jiàn gāo táng míng jìng bēi bái fà, zhāo rú qīng sī mù chéng xuě.
Rén shēng dé yì xū jìn huān, mò shǐ jīn zūn kōng duì yuè.
Tiān shēng wǒ cái bì yǒu yòng, qiān jīn sàn jìn huán fù

lái。

Pēng yáng zǎi niú qiě wéi lè, huì xū yī yǐn sān bǎi bēi。
Cén fū zǐ, dān qiū shēng, qiāng jìn jiǔ, bēi mò tíng。
Yǔ jūn gē yì qǔ, qǐng jūn wèi wǒ cè ěr tīng。
Zhōng gǔ zhuàn yù bù zú guì, dàn yuàn cháng zuì bù fù xǐng。
Gǔ lái shèng xián jiē jì mò, wéi yǒu yǐn zhě liú qí míng。
Chén wáng xī shí yàn píng yuè, dǒu jiǔ shí qiān zì huān xuè。
Zhǔ rén hé wéi yán shǎo qián, jìng xū gū qǔ duì jūn zhuó。
Wǔ huā mǎ, qiān jīn qiú, hū ér jiāng chū huàn měi jiǔ, yǔ ěr tóng xiāo wàn gǔ chóu。

〔注释〕

①将(qiāng)：请。将进酒：汉乐府诗题。
②青：黑色。青丝：喻黑发。
③樽：古代盛酒器具。
④会须：应该。
⑤岑夫子：指岑勋。丹秋生：即元丹邱。二人都是李白的好友。
⑥侧：一作"倾"。
⑦钟鼓：指富贵人家的音乐。馔玉：珍贵如玉的饮食。钟鼓馔玉：这里用作富贵利禄的代称。
⑧寂寞：沉寂；默默无闻。
⑨陈王：指曹植，死后以封地谥为陈思王。平乐：汉代都城的观名。
⑩斗洒十千：斗是酒器，一斗酒值十千钱，是指酒美价昂。恣：纵情。欢谑：欢娱戏谑。

⑪径须:直须;应该。沽:买。
⑫五花马:指名贵的马。裘:毛皮衣服。
⑬将出:拿出。
⑭尔:你。

〔英语注释〕

①将(qiāng):please;将进酒:the topic of the *Yuefu* POETRY in the Han Dynasty

②青:black;青丝:refers to black hair.

③樽:utensil used in ancient times to hold wine

④会须:should be...

⑤岑夫子:refers to "岑勋"。丹秋生:refers to 元丹邱.Both of them were best friends of Li Bai.

⑥侧:another version of"倾".

⑦钟鼓:indicates the music played in wealthy families;馔玉:delicacies;钟鼓馔玉:synonym of wealth and rank.

⑧寂寞:silent;unknown to the public

⑨陈王:refers to Cao Zhi, whose posthumous title was Chen Si Wang.平乐:name of a Taoist temple in Han Dynasty.

⑩斗酒十千:Dou is an utensil to hold wine. One Dou of wine was worth ten-thousand Qian. Here it means wine is delicious but the price is high.恣:heartily;欢谑:to entertain and banter

⑪径须:should be;沽:to buy

⑫五花马:refers to rare horses.裘:fur coat

⑬将出:to present.

⑭尔:you

〔日语注释〕

①将(qiāng):乞い願う。将进酒:漢代の楽府詩の題名。
②青:黒。青絲:黒髪の喩え。
③樽:古代、酒を盛る容器。
④会须:～すべきである。
⑤岑夫子:岑勛。丹秋生:元丹秋。二人共李白の親友だった。
⑥侧:一本"倾"に作る。
⑦钟鼓:富貴な家での音楽。饌玉:豪華で美味な食事。钟鼓饌玉:ここでは、富貴、功利などの象徴。
⑧寂寞:名声がなく、人に知られない。
⑨陈王:曹植のこと。死後陳思王のおくり名を奉った。平乐:后漢明帝の時、洛陽の西門におかれた道教の観の名。
⑩斗酒十千:「斗」は酒の器。ます。一斗で十千(一万文)もする高価な美酒。
⑪径须:どうしても～しなければならない。～すべきだ。沽:買う。
⑫五花马:名馬。裘;毛皮の衣服。
⑬将出:持ち出す。
⑭尔:你(君)。

〔说明〕

这首诗是唐代大诗人李白的代表作。写这首诗时,诗人心里十分苦闷,和朋友一起借酒消愁。诗人嘴上说"但愿长醉不复醒",可他的心里却十分清醒,语言也是豪迈有力的。他对自己的前途充满自信,认为"天生我材必有用"。这首诗充分反映了诗人那种无拘无束的人生态度和不屈不挠的奋斗精神。

秋浦歌①

白发三千丈,缘愁似箇长②。
不知明镜里,何处得秋霜③?

——〈唐〉李白

〔拼音〕

Bái fà sān qiān zhàng, yuán chóu sì gè cháng。
Bù zhī míng jìng lǐ, hé chù dé qiū shuāng。

〔注释〕

①秋浦:唐代县名,今安徽省贵池县。全诗共十七首,这里选其中一首。
②缘:因。箇:这样;如此。
③秋霜:指白发。

〔英语注释〕

①秋浦:name of Guichi county of Anhui province in the Tang Dynasty. This poem is selected from 17 poems under the same title.
②缘:because of;箇:so;like that
③秋霜:refers to grey and white hair.

〔日语注释〕

①秋浦:唐代の県名。今の安徽省貴池県。全部で十七首から成るうちの一首。

②缘：〜が原因で。箇：このように。
③秋霜：白髪のこと。

〔说明〕

　　有三千丈的头发吗？这显然是夸张。可是人们在读这首诗时，却没有人提出质疑，反而被诗人那奇特的比喻所吸引，仿佛从诗中理解了诗人的愁苦。诗人把本来无法表现出来的愁用"白发三千丈"表现出来，形象而又生动。

静夜思

床前明月光，疑是地上霜。
举头望明月①，低头思故乡。

——〈唐〉李白

〔拼音〕

　　Chuáng qián míng yuè guāng, yí shì dì shàng shuāng。
　　Jǔ tóu wàng míng yuè, dī tóu sī gù xiāng。

〔注释〕

　　①举头：抬头。明月，一作"山月"。

〔英语注释〕

　　①举头：raise one's head；明月：another version used "山月"。

〔日语注释〕
①举头：頭を上げる。明月は一本「山月」に作る。

〔说明〕
诗的内容很简单，只是写一个出门在外的游子，在明月当空的夜晚，触景生情，思念起故乡的亲人来。但诗的语言通俗易懂，简单易记，几乎使每一个读过这首诗的人，都能过目成诵，因此成为妇孺皆知的著名诗篇。

黄鹤楼送孟浩然之广陵①

故人西辞黄鹤楼，烟花三月下扬州②。
孤帆远影碧空尽，唯见长江天际流③。

——〈唐〉李白

〔拼音〕
Gù rén xī cí huáng hè lóu, yān huā sān yuè xià yáng zhōu。
Gū fān yuǎn yǐng bì kōng jìn, wéi jiàn cháng jiāng tiān jì liú。

〔注释〕
①黄鹤楼：见崔颢《黄鹤楼》注。孟浩然：唐代著名诗人。之：往；到……去。广陵：即今江苏省扬州市。
②烟花：形容花柳很多，如烟似雾的美景。扬州：城市名，在江

苏省。

③天际:天边。

〔英语注释〕

①黄鹤楼:See the Notes in Cui Hao's《黄鶴楼》.孟浩然:a famous poet of the Tang Dynasty; 之: to; to go to; 广陵: now Yangzhou, Jiangsu province

②烟花:to describe that there were many flowers and willows which looked like mist; 扬州: name of a city which is in Jiangsu province

③天际: horizon

〔日语注释〕

①黄鹤楼:《黄鶴樓》の注を見よ。孟浩然:唐代の著名な詩人。之:赴く。～へ行く。广陵:今の江蘇省揚州市。

②烟花:春霞と花とのいり交った美しい景色。扬州:都市の名。江蘇省にある。

③天际:空の果て。

〔说明〕

这是诗人送好友孟浩然去扬州时所作。烟花三月,春光明媚,好友偏在这时离开,真让人恋恋不舍。诗人站在码头,目送好友乘船远去,直到小船消失在远方,诗人还久久地矗立在那里,心中若有所失。诗歌真实地表现了诗人在送别好友时那种依依难舍的心情。

月下独酌①

花间一壶酒,独酌无相亲。
举杯邀明月,对影成三人。
月既不解饮②,影徒随我身③。
暂伴月将影④,行乐须及春。
我歌月徘徊,我舞影凌乱。
醒时同交欢,醉后各分散。
永结无情游⑤,相期邈云汉⑥。

——〈唐〉李白

〔拼音〕

Huā jiān yī hú jiǔ, dú zhuó wú xiāng qīn。
Jǔ bēi yāo míng yuè, duì yǐng chéng sān rén。
Yuè jì bù jiě yǐn, yǐng tú suí wǒ shēn。
Zàn bàn yuè jiāng yǐng, xíng lè xū jí chūn。
Wǒ gē yuè pái huái, wǒ wǔ yǐng líng luàn。
Xǐng shí tóng jiāo huān, zuì hòu gè fēn sàn。
Yǒng jié wú qíng yóu, xiāng qī miǎo yún hàn。

〔注释〕

①本题共四首,这里选其中一首。
②解:懂得。
③徒:徒然;白白地。

④将:与;和。
⑤无情游:忘却世情之游。
⑥相期:相约;期待。邈:遥远。云汉:云霄;高空。

〔英语注释〕

①This poem is selected from 4 poems under the same title.
②解:to understand
③徒:in vain
④将:with
⑤无情游:a tour without keeping in mind the affairs of human life
⑥相期:to fix a date; to look forward to;邈:distant;云汉:the skies

〔日语注释〕

①全四首のうちの一首。
②解:わかる。
③徒:いにずらに、むだに。
④将:～と
⑤无情游:世間一般の快楽を超越する。
⑥相期:互いに約束を交す。
　邈:遥かで遠い。云汉:高空、空の果て。

〔说明〕

　　李白的诗以具有丰富的想像力而闻名,这首《月下独酌》就是最有代表性的。诗人独自一人喝酒,可他并不觉得孤独,你看,"举杯邀明月,对影成三人","我歌月徘徊,我舞影凌乱",我们这不是挺热闹的吗? 无论如何,醉后总是要分散的,倒不如这种"无情游"

来得自在。诗歌以诗人独酌的情趣表达了诗人旷达的胸怀。

赠汪伦①

李白乘舟将欲行,忽闻岸上踏歌声②。
桃花潭水深千尺③,不及汪伦送我情。

——〈唐〉李白

〔拼音〕

Lǐ bái chéng zhōu jiāng yù xíng, hū wén àn shàng tà gē shēng.

Táo huā tán shuǐ shēn qiān chǐ, bù jí wāng lún sòng wǒ qíng.

〔注释〕

①汪伦:李白在游安徽泾县桃花潭时认识的村民。汪伦常酿美酒招待李白,李白临走时写了这首留别诗。

②踏歌:唱歌时,以脚踏地为节拍,这里指汪伦沿着岸边边走边歌。

③桃花潭:在安徽泾县西南。

〔英语注释〕

①汪伦:a peasant whom Li Bai got to know when he was touring in Taohua Tan of Jing county of Anhui province. Wang Lun often made delicious wine to entertain Li Bai. Li Bai wrote this farewell poem before leaving.

②踏歌: to beat ground with one's feet rhythmically when singing. Here means Wang Lun was singing while walking along the bank.

③桃花潭: located in the southwest of Jing county of Anhui province

〔日语注释〕
①汪伦:李白が安徽省涇県桃花潭に滞在した時知り合った村人。汪倫はよく美酒を作り李白をもてなしたので、李白は別れる時この惜別の詩を作った。
②踏歌:歌を唱う時、足を踏みらし拍子をとること。ここでは汪倫が岸辺づたいに歩きながら唱ったことを指す。
③桃花潭:安徽省涇県西南にある。

〔说明〕
汪伦是诗人偶然认识的一位村民,他对李白的热情招待和送别使诗人十分感动,于是诗人写下了这首诗来纪念两个人之间的友情。"桃花潭水深千尺,不及汪伦送我情",只是一句恰当的比喻,就使人为这种深厚的友情而感动。

早发白帝城①

朝辞白帝彩云间,千里江陵一日还②。
两岸猿声啼不住,轻舟已过万重山。

——〈唐〉李白

〔拼音〕

　　Zhāo cí bái dì cǎi yún jiān, qiān lǐ jiāng líng yī rì huán。
　　Liǎng àn yuán shēng tí bù zhù, qīng zhōu yǐ guò wàn chóng shān。

〔注释〕

　　①白帝城:城名,在今四川省奉节县东的白帝山上,汉代修筑。
　　②江陵:地名,今湖北省江陵县。江陵离白帝城约一千里。

〔英语注释〕

　　①白帝城:name of a town built in the Han Dynasty, now located on the Baidi Mountain, in the east of Fengjie county of Sichuan province
　　②江陵:name of a place, Jiangling county of Hubei province now. Jiangling was more than 1000 li (500 km) far from Baidi city.

〔日语注释〕

　　①白帝城:城の名。今の四川省奉節県東部の白帝山にある。漢代に築かれた。
　　②江陵:地名。今の湖北省江陵県。江陵から白帝城までは千里余ある。

〔说明〕

　　这是一首在中国家喻户晓的诗。李白在流放途中遇大赦,从白帝城乘船返回。船顺水而行,行进极快,再加上诗人心情特别好,感觉千里之行转眼就过去了。诗歌的语言轻松愉快,看似写景,可每一句诗都透着诗人心中的欢乐。

望庐山瀑布①

日照香炉生紫烟②,遥看瀑布挂前川③。
飞流直下三千尺,疑是银河落九天④。

——〈唐〉李白

〔拼音〕

Rì zhào xiāng lú shēng zǐ yān, yáo kàn pù bù guà qián chuān。

Fēi liú zhí xià sān qiān chǐ, yí shì yín hé luò jiǔ tiān。

〔注释〕

①庐山:在江西省九江市南,是著名风景区。作者《望庐山瀑布》诗有二首,这里选其中一首。

②香炉:香炉峰,庐山的北峰。紫烟:日光照射水气反映出来的紫色烟雾。

③前川:一作"长川"。

④银河:晴天夜晚,天空中呈现出由众多闪烁的星星组成的一条明亮的光带,称作银河。九天:指天的最高处。

〔英语注释〕

① 庐山: located to the south of Jiujiang city of Jiangxi province. It's a famous scenic spot. This poem is selected from two poems under the same title.

②香炉：Xianglu Peak, northern peak of Lushan Mountain；紫烟：purple mist under the sun-shine.

③前川：another version used "长川".

④银河：the milky way；九天：the highest level of heavens

〔日语注释〕

①庐山：江西省九江市南にある、著名な景勝地。同題の詩二首の一。

②香炉：香爐峰。廬山の北峰。紫烟：日光が水蒸気にあたって出る紫色のもや。

③前川：一本「長川」に作る。

④银河：天の川。九天：天の最も高い所。

〔说明〕

这首描写庐山瀑布的诗写得很有气势。庐山是中国著名的旅游胜地，香炉峰是庐山的北峰。这里云海弥漫，在阳光照射下，生出紫色的烟雾。远远看出，雄伟壮观的瀑布飞流直下，使人有天河倾泻下来之感。"飞流直下三千尺，疑是银河落九天"，这种描写看似夸张，却给人一种真实感。

逢入京使

故园东望路漫漫①，双袖龙钟泪不干②。
马上相逢无纸笔，凭君传语报平安。

——〈唐〉岑参

〔拼音〕

Gù yuán dōng wàng lù màn màn, shuāng xiù lóng zhōng lèi bù gān。

Mǎ shàng xiāng féng wú zhǐ bǐ, píng jūn chuán yǔ bào píng ān。

〔注释〕

①故园:指作者在长安的家。漫漫:漫长;遥远。
②龙钟:沾湿的样子。这句是说,双袖拭泪,袖已湿而泪不干。

〔英语注释〕

①故园:refers to the writer's home in Changan. 漫漫:far away
②龙钟:state of wetting. This sentence means that the writer couldn't stop weeping even though his sleeves had been wetted.

〔日语注释〕

①故园:故郷のわが家。作者の長安の家を指す。漫漫:遠く果てしない。
②龙钟:涙があふれ出るさま。この句はこぼれ落ちる涙を両袖でぬぐってすっかりぬれたが涙がまだ乾いていないさま。

〔说明〕

岑参是唐代有名的边塞诗人,诗多描写边塞地区的风光与人情。这首诗描写作者在旅途中,遇到了回首都长安的使者,引起强烈的思乡情感。千言万语,无法表述,只能托使者给家里带个平安的口信,以免家中挂念。诗中那真实感情的流露,令每一位读者感动。

月 夜

今夜鄜州月①,闺中只独看②。
遥怜小儿女,未解忆长安③。
香雾云鬟湿④,清辉玉臂寒⑤。
何时倚虚幌⑥,双照泪痕干⑦。

——〈唐〉杜甫

〔拼音〕

Jīn yè fū zhōu yuè, guī zhōng zhǐ dú kàn。
Yáo lián xiǎo ér nǚ, wèi jiě yì cháng ān。
Xiāng wù yún huán shī, qīng huī yù bì hán。
Hé shí yǐ xū huǎng, shuāng zhào lèi hén gān。

〔注释〕

①鄜州:今陕西富县。当时杜甫的妻子儿女因战乱暂住在这里。
②闺中:闺中人,指妻子。
③忆长安:想念在长安的父亲。
④云鬟:高耸的环形发髻。这句是作者想像妻子思念丈夫,夜不能寐,久立月下,夜雾沾湿了头发。
⑤清辉:指月光。玉臂:形容女子白嫩的手臂。这句是说在月光下久立,一定会感觉到寒冷。
⑥虚幌:指透光的窗帘或帷幔。

⑦双照泪痕干:让月光照干我们两个人的泪痕。

〔英语注释〕

①鄜州:now Fu county of Shanxi province. Du Fu's wife and children lived here because of the chaos caused by war.

②闺中:person in the boudoir, referring to the wife

③忆长安:missing his farther in Chang'an

④云鬟:hair style with one's hair rolled up high. This sentence means that the writer imagined his wife missing husband, and unable to go to sleep all night, standing in the moonlight with her hair wet by fog.

⑤清辉:refers to moonlight. 玉臂:describes white and delicate arms of women. This sentence means that she would feel cold if she stood under moonlight for a long time.

⑥虚幌:lace curtain.

⑦双照泪痕干:Let the moonlight dry our tears.

〔日语注释〕

①鄜州:今の陝西省富県。当時、杜甫の妻子は県戦乱を逃れて鄜州に住んでいた。

②闺中:ここで妻を指す。

③忆长安:長安にいる父親を想う。

④云鬟:高く環状に結んだ鬢。この句は作者が、夫と想う妻が夜なかなか寝つくことかできず、月下にしばし佇み夜霧で美しい髪がぬれていると想像している。

⑤清辉:月光を指す。玉臂:女性の白い柔らかな腕。この句は月下に久しく佇めば、寒々としてくるの意。

⑥虚幌:光を透すカーテン。

⑦双照泪痕干：月光で二人の涙の跡を乾かそう。

〔说明〕

　　唐代大诗人杜甫，因避战乱逃离家乡。夜晚，当他独立月下，思乡之情变得尤为强烈。可是诗人并没有提到自己如何思念家中的亲人，反而想像家中的亲人思念自己时的情景，写作手法十分新颖。他想像妻子如何对月长叹，想像幼小的儿女还不懂得思念父亲，甚至连妻子心中的愿望都通过想像表现出来。诗中那细腻的心理描写，真实感人的思妇形象，都给人留下深刻的印象。

春望

国破山河在，城春草木深①。
感时花溅泪②，恨别鸟惊心③。
烽火连三月④，家书抵万金⑤。
白头搔更短，浑欲不胜簪⑥。

——〈唐〉杜甫

〔拼音〕

　　Guó pò shān hé zài, chéng chūn cǎo mù shēn。
　　Gǎn shí huā jiàn lèi, hèn bié niǎo jīng xīn。
　　Fēng huǒ lián sān yuè, jiā shū dǐ wàn jīn。
　　Bái tóu sāo gèng duǎn, hún yù bù shèng zān。

〔注释〕

　　①这两句是说，经过战争的首都长安草木深密而人烟稀少。

②感时:感伤时事。花溅泪:花上溅滴愁人之泪。
③恨别:恨与家人被迫分别。鸟惊心:听鸟鸣也感到心惊。
④烽火:指战争。
⑤抵:值。
⑥浑:简直。不胜簪:插不上簪(古代男人用簪束发)。

〔英语注释〕

①The whole sentence is to say that Chang'an, the capital city was covered with dense grass and was sparsely populated after the war.

②感时:to feel sad at the current affairs;花溅泪:The tears of the poet dripped down on the flowers.

③恨别:unwilling to be parted from home;鸟惊心:The heart of the poet was stirred by the chirping of birds.

④烽火:refers to the war

⑤抵:worth

⑥浑:almost;不胜簪:(The hair)can not bear the weight of the jade clasp and pin.(In ancient China, men wore long hair bound together on the top of head with jade clasp and pin.)

〔日语注释〕

①この二句は戦禍により長安の都が人里稀な荒野と化したさまを表している。

②感时:こうした現在の諸々の姿に感傷をもよおす。花溅泪:花に憂いの涙を流す。

③恨别:家族と生き別れたことを怨む。鳥驚心:鳥の鳴ごが心と驚す。

④烽火:戦争。

⑤抵：〜に値する。
⑥浑：すっかり、まったく。不勝簪：簪もささらない。（古代、男性は簪で髪をとめていた。）

〔说明〕
　　杜甫是有名的爱国诗人,当国家发生战乱的时候,他诗中那种为国分忧的情感,就尤为突出。这首诗感叹战乱给国家、给人民带来的深重灾难。诗人眼望荒凉的都城,感伤地落下泪来;看到人们因战乱而妻离子散,心里越发不安。想想自己一介书生,不能为国出力,只能搔首长叹。诗歌给我们塑造了一位忧国忧民的诗人形象。

石壕吏①

暮投石壕村②,有吏夜捉人。
老翁逾墙走③,老妇出门看。
吏呼一何怒,妇啼一何苦。
听妇前致词:"三男邺城戍④。
一男附书至⑤,二男新战死。
存者且偷生⑥,死者长已矣⑦。
室中更无人⑧,惟有乳下孙。
有孙母未去,出入无完裙。
老妪力虽衰⑨,请从吏夜归。
急应河阳役⑩,犹得备晨炊⑪。"
夜久语声绝,如闻泣幽咽⑪。

天明登前途，独与老翁别。

——〈唐〉杜甫

〔拼音〕

Mù tóu shí háo cūn, yǒu lì yè zhuō rén。
Lǎo wēng yú qiáng zǒu, lǎo fù chū mén kàn。
Lì hū yī hé nù, fù tí yī hé kǔ。
Tīng fù qián zhì cí: "Sān nán yè chéng shù。
Yī nán fù shū zhì, èr nán xīn zhàn sǐ。
Cún zhě qiě tōu shēng, sǐ zhě cháng yǐ yǐ。
Shì zhōng gèng wú rén, wéi yǒu rǔ xià sūn。
Yǒu sūn mǔ wèi qù, chū rù wú wán qún。
Lǎo yù lì suī shuāi, qǐng cóng lì yè guī。
Jí yìng hé yáng yì, yóu dé bèi chén chuī。"
Yè jiǔ yǔ shēng jué, rú wén qì yōu yè。
Tiān míng dēng qián tú, dú yǔ lǎo wēng bié。

〔注释〕

①石壕：镇名，在今河南省陕县东。
②投：投宿。
③逾：越，跳过。
④邺城：在今河南安阳北。戍：防卫；守卫。
⑤附书：托人带信。
⑥偷生：苟且地活着；活一天算一天。
⑦长已矣：永远完了。
⑧更：再。
⑨妪：年老的妇人。
⑩河阳：在今河南孟县。这句是说，急忙去河阳的兵营中服

役。

⑪犹得：还能够。

⑫幽咽：声音低沉、轻微。

〔英语注释〕

①石壕：name of a town which is to the east of Shan county, Henan province

②投：to seek temporary lodging

③逾：to get over; to jump over

④邺城：present-day Anyang, Henan Province；戍：to defend

⑤附书：The letter passed on by the other.

⑥偷生：to drag out an ignoble existence

⑦长已矣：to come to an end for ever

⑧更：again

⑨妪：aged woman

⑩河阳：now Meng county, Henan province. This sentence is to say that she would hurry to the barracks in Heyang to complete her military service.

⑪犹得：still can

⑫幽咽：(of sounds) low

〔日语注释〕

①石壕：村の名。今の河南省陝県東部にある。

②投：宿をとる。

③逾：越える。

④邺城：今の河南省安陽にある。戍：兵力で守る。

⑤附书：人に手紙を托す。

⑥偷生：その日暮らしをする。

132

⑦长已矣:永遠におしまいだ。
⑧更:その上。
⑨妪:老女。
⑩河阳:今の河南省孟県。この句は慌ただしく河陽に赴く兵団に服役している。
⑪犹得:なおかつまだ～しうる。
⑫幽咽:低くかすかな声。

〔说明〕
　　杜甫写了大量描写社会现实的诗歌,用诗歌的语言揭露社会的黑暗,"三吏"、"三别"是他的名作,《石壕吏》是其中最典型的作品。这是一首叙事诗,描写了战争期间官吏夜间抓夫的情景。请听老妇的哀诉:三个儿子都去前方打仗,两个已经战死,家中已经没有人了,如果你们一定要抓人,就把我抓去好了,我不会打仗,做做饭总可以吧? 第二天诗人只能与逾墙逃走的老翁告别,再也见不到那位可怜的老妇了。诗歌没有形容,没有夸张,只是娓娓而谈,却把当时的社会现实活生生地再现出来。

春夜喜雨

　　好雨知时节,当春乃发生①。
　　随风潜入夜,润物细无声②。
　　野径云俱黑③,江船火独明。
　　晓看红湿处④,花重锦官城⑤。

——〈唐〉杜甫

〔拼音〕

Hǎo yǔ zhī shí jié, dāng chūn nǎi fā shēng。
Suí fēng qián rù yè, rùn wù xì wú shēng。
Yě jìng yún jù hēi, jiāng chuán huǒ dú míng。
Xiǎo kàn hóng shī chù, huā zhòng jǐn guān chéng。

〔注释〕

①乃：即；就。
②润物：滋润万物。
③野径：田野的道路。这句是说天上地上黑成一片。
④晓：清晨。红湿处：指树上的花红润一片。
⑤花重：花因着雨而显得沉重。锦官城：成都的别称。

〔英语注释〕

①乃：then；hence
②润物：to moisten everything in the world
③野径：the path in the field. This sentence is to say that both the sky and the ground were black.
④晓：morning；红湿处：The flowers were red and moist.
⑤花重：The flowers became heavier because of the rain. 锦官城：another name of Chengdu

〔日语注释〕

①乃：そこで、はじめて
②润物：万物を潤す。
③野径：田野の道。この句は空も地上も一面まっ黒であるという意味。

④晓:あかつき。红湿处:木に咲く花は一面赤くつやつやしている。

⑤花重:花が雨にぬれ.重く垂れ下がっている。锦官城:成都の別称。

〔说明〕

用拟人的手法写春雨,是这首诗的一大特色。诗中所写的雨很通人性,它了解人们的心理,在人们最需要它的时候悄悄地来了;怕惊醒人们的美梦,它在夜间"潜"入这个世界,轻轻地滋润着万物;第二天人们醒来时,发现雨后的花朵更加艳丽,到处充满春天的气息。

绝 句①

两个黄鹂鸣翠柳,一行白鹭上青天。
窗含西岭千秋雪②,门泊东吴万里船③。

——〈唐〉杜甫

〔拼音〕

Liǎng gè huáng lí míng cuì liǔ, yì háng bái lù shàng qīng tiān。

Chuāng hán xī lǐng qiān qiū xuě, mén bó dōng wú wàng lǐ chuán。

〔注释〕

①绝句:诗歌体裁之一,每首四句。每句五个字的叫五言绝

句,每句七个字的叫七言绝句。

②西岭:指成都西边的岷山。千秋雪:指岷山山顶终年积雪。这句是指从室内向外远眺,室外景物透过窗框,像是挂在室内的一幅风景画。

③这句是指杜甫草堂附近,该处为渡口,有往来于东吴(今江苏、浙江两省)的船只。

〔英语注释〕

①绝句:*Jueju*, a peom of four lines, containing five or seven charactrers which are respectively called "five yan *Jueju*" and "seven yan *Jueju*".

②西岭: refers to the Min Mountain to the west of Chengdu. 千秋雪: refers to the snow on the Min Mountain for thousands of years. This sentence is to say that the poet looked out of the window and the scenes outside looked like a picture on the wall.

③ This sentence is to say that the ferry was near Du Fu's house, so there were boats to and from Dong Wu (now Jiangsu and zhejiang province).

〔日语注释〕

①绝句:詩歌の形式の一つ。四句からなり、一句が五字よりなるものを五言絶句、七字からなるものを七言絶句と言う。

②西岭:成都西にある岷山のこと。千秋雪:岷山の山頂は一年中雪をいただく。この句は、部屋の中から遠くを眺めると、外の景色は窓枠を通して、恰も室内に掛けられた一幅の絵のようだ。

③この句は杜甫草堂付近が当時渡し場となっており、東呉(今の江蘇、浙江両省の東部)の船が行き来していたことを表す。

〔说明〕

　　这首诗有两个特点：一个特点是听觉和视觉的结合，诗人在房中，先听到黄鹂在翠绿的柳树上喧闹，抬眼向窗外望去，又见一行白鹭飞上青天。听觉与视觉都是美好的。诗的另一个特点是诗人的新发现：透过窗框与门框，可以看到"西岭雪"和"东吴船"，窗外的景物在窗框与门框的镶嵌中，俨然是一幅幅美丽的风景画。诗人从中获得了美感，诗歌也表达了诗人对这里景色的喜爱。

枫桥夜泊①

月落乌啼霜满天②，江枫渔火对愁眠③。
姑苏城外寒山寺④，夜半钟声到客船⑤。

——〈唐〉张继

〔拼音〕

　　Yuè luò wū tí shuāng mǎn tiān, jiāng fēng yú huǒ duì chóu mián。
　　Gū sū chéng wài hán shān sì, yè bàn zhōng shēng dào kè chuán。

〔注释〕

　①枫桥：在今江苏省苏州城西。夜泊：夜晚停船靠岸。
　②乌啼：乌鸦的啼声。一说为附近有山名乌啼。
　③江枫：江边的枫树。一说指附近的江村桥和枫桥。渔火：夜晚捕鱼时照明的火把。这句是说，不仅江枫与渔火在静静地对峙，

睡在船舱里的旅人面对江枫、渔火,也在默默地发愁。愁眠:一说为附近的愁眠山。

④姑苏:苏州的别称。寒山寺:枫桥附近的一个寺院,是苏州名胜之一。

⑤夜半钟声:当时寺院有半夜敲钟的习惯。

〔英语注释〕

①枫桥:It is in the west of Suzhou, Jiangsu province. 夜泊:The boat was moored alongside the shore during the night.

②乌啼:the chirping of crow. It is also said that"乌啼"is the name of a hill nearby.

③江枫:the maple along the riverside. It is also said that "江枫"refers to the Bridge of Jiangcun and the Bridge of Feng. 渔火:the torch used to fish at night. This sentence is to say that looking at the silent maple and the silent torch, the traveling person who lied in the boat was worried. 愁眠:It is also said that"愁眠"refers to the Hill of Choumian.

④姑苏:another name of Suzhou; 寒山寺:a temple near Fengqiao, which is a scenic spot

⑤夜半钟声:At that time, the temple used to toll the bell at midnight.

〔日语注释〕

①枫桥:今の江蘇省蘇州の町の西にある。

夜泊:夜、船が岸に停泊する。

②马啼:カラスの鳴き声。一説には烏啼山という地名とも言う。

③江枫:川辺の楓の木。一説には江村橋、楓橋という二つの

橋とも。渔火:夜、魚を捕る時に用いる照明用の松明。この句は川べりの楓、渔火が静かに対峙しているだけでなく船に泊る旅人も川べりの楓、渔火に向かい無言でもの思いに沈んでいるさまを表している。

④姑苏;苏州の別称。寒山寺:楓橋付近の寺院、苏州の名所旧蹟の一つ。

⑤夜半钟声:当時の寺院は真夜中に鐘をつく習慣があった。

〔说明〕

一首《枫桥夜泊》使张继成为中国文学史上有名的诗人。这首诗描写了苏州城外江边的夜景:夜深了,月色下,江边的枫树与江中的渔火似在静静地对峙着;天空像布满了秋霜;耳边偶尔传来一两声乌鸦的啼鸣。这时,附近寒山寺的钟声敲响了,惊醒了乘船游子的思乡梦,哦,到码头了。诗歌将情景交织在一起,给读者编织了一幅美丽的图画。

滁州西涧①

独怜幽草涧边生,上有黄鹂深树鸣②。
春潮带雨晚来急,野渡无人舟自横③。

——〈唐〉韦应物

〔拼音〕

Dú lián yōu cǎo jiàn biān shēng, shàng yǒu huáng lí shēn shù míng.

Chūn cháo dài yǔ wǎn lái jí, yě dù wú rén zhōu zì héng。

〔注释〕
①滁州：即今安徽省滁州市。西涧：在滁州城外，俗名上马河。
②深树：树丛深处。
③野渡：荒落之处或村野的渡口。

〔英语注释〕
①滁州：now Chu county, Anhui province；西涧：It is out of Chuzhou, which is also called the River of Ma.
②深树：deep in the grove
③野渡：the ferry in a waste land or a diserted village

〔日语注释〕
①滁州：今の安徽省滁州市。西涧：滁州城外にあり、俗に上馬河と言う。
②深树：林の奥深いしげみ。
③野渡：荒れはてた所又村里の渡し場。

〔说明〕
唐代一些诗人在描写风景时，很注意诗与画的交融。这首诗是韦应物出任滁州刺史时所作。他的诗以描写景物和隐居生活而著称。诗中描写了春雨到来时河边的晚景：眼前所见的是涧边的幽草；耳边听到的是黄鹂的叫声；在沙沙的雨声中，诗人发现一只小船在风雨中摇摆着；这是多么动人的一幅春雨图啊！难怪有的绘画竞赛将这首诗作为绘画的题目。

喜见外弟又言别①

十年离乱后,长大一相逢。
问姓惊初见,称名忆旧容。
别来沧海事②,语罢暮天钟③。
明日巴陵道④,秋山又几重⑤?

——〈唐〉李益

〔拼音〕

Shí nián lí luàn hòu, zhǎng dà yī xiāng féng。
Wèn xìng jīng chū jiàn, chēng míng yì jiù róng。
Bié lái cāng hǎi shì, yǔ bà mù tiān zhōng。
Míng rì bā líng dào, qiū shān yòu jǐ chóng?

〔注释〕

①外弟:表弟、妻弟或同母异父弟。
②沧海:借用"沧海变桑田"的典故,比喻世事变化很大。
③暮天钟:傍晚的钟声敲响。
④巴陵:唐代郡名,今湖南省岳阳市。这里指外弟又将到巴陵去。
⑤这句是说彼此又将远隔千山万水,不知何日相见。

〔英语注释〕

①外弟:cousin;brother-in-law;brother of one's wife

②沧海：This is quoted from the poem "沧海变桑田" which indicates the great changes of the world.

③暮天钟：The bell was tolled in the evening.

④巴陵：name of a county which is present-day Yueyang, Hunan province

⑤This sentence is to say that they would be far from each other again and did not know when could meet again.

〔日语注释〕

①外弟：いとこ、妻の弟或いは異父弟。

②沧海：「滄海変じて桑畑となる」の故事にのっとり世の移り変りの激しいことを喩える。

③暮天钟：夕方鐘をつく音。

④巴陵：唐代の郡名，今の湖南省岳陽市。ここは「外弟」が又巴陵に行こうとしていることを指す。

⑤この句は互いに几山河を隔て離れ離れになってしまい今度いつ又會えるかわからないの意。

〔说明〕

李益这首诗对久别重逢人们的心理描写十分真实：国家的动乱使人们离散多年，以致今日一见竟不敢相认了，问起姓来以为是初见的朋友，提起名字才想起小时候的样子。千言万语来不及倾诉，明天又要各奔前程，这一去又不知何日才得一见。诗中充满感伤的情调。

游子吟①

慈母手中线,游子身上衣。
临行密密缝,意恐迟迟归。
谁言寸草心②,报得三春晖③。

——〈唐〉孟郊

〔拼音〕

Cí mǔ shǒu zhōng xiàn, yóu zǐ shēn shàng yī.
Lín xíng mì mì féng, yì kǒng chí chí guī.
Shuí yán cùn cǎo xīn, bào dé sān chūn huī.

〔注释〕

①游子:离家远游的人。
②寸草:小草,这里比喻游子。
③三春晖:春天的阳光,象征母爱。

〔英语注释〕

①游子:traveller who is far from home
②寸草:small grass, here referring to the traveller
③三春晖:the sunlight of spring. Here it is used to indicate mother's love.

〔日语注释〕

①游子:家、故郷を離れ他所にいる人。

②寸草:小さい草,ここでは「游子」の喩え。
③三春晖:春の陽光,母の愛を象徴している。

〔说明〕

　　孟郊这首诗刻画了一位慈母的形象:儿子就要出门远游了,母亲为他缝制衣服,担心他在外边耽搁很长的时间,母亲一针一线密密地缝。诗人为这种情景所打动,他以"寸草心"和"三春晖"为比喻,向世人发问:哪一个作子女的,能报答得了母亲那种伟大的爱呢?

秋　思①

洛阳城里见秋风,欲作家书意万重②。
复恐匆匆说不尽,行人临发又开封③。

——〈唐〉张籍

〔拼音〕

　　Luò yáng chéng lǐ jiàn qiū fēng, yù zuò jiā shū yì wàn chóng。
　　Fù kǒng cōng cōng shuō bù jìn, xíng rén lín fā yòu kāi fēng。

〔注释〕

①秋思:秋天寂寞凄凉的思绪。
②意万重:指有很多话要写进家书中。
③行人:指捎信的人。临发:临出发。开封:拆开信,看有没有

遗漏的话。

〔英语注释〕
①秋思：the lonely feeling in the autumn
②意万重：There are so many things to tell the family (in the letter).
③行人：refers to the one who is asked to send the letter. 临发：on the point of leaving; 开封：to open the letter to check if everything has been included

〔日语注释〕
①秋思：秋のもの悲しいうらびれた気持。
②意万重：家に宛てた手紙には書きたいことが山ほどある。
③行人：手紙をことづかった人を指す。临发：旅立ちまぎわに。开封：書きもらした事がないか封筒を開ける。

〔说明〕
这首诗把诗人的心理世界描写得真实感人。秋风来了，叶落归根，诗人思念起自己的家乡来，正好有人到那边去，便托他带一封信回去，可是提起笔来，有说不完的话。上路的人即将出发的时候，又从他手中把信要回来，拆开信看一看，看自己还有哪些没有说到。诗的生活气息很浓。

春　怨

打起黄莺儿，莫教枝上啼①。

啼时惊妾梦②,不得到辽西③。

——〈唐〉金昌绪

〔拼音〕

　　Dǎ qǐ huáng yīng ér, mò jiào zhī shàng tí。
　　Tí shí jīng qiè mèng, bù dé dào liáo xī。

〔注释〕

　　①教:通"叫"。
　　②妾:女子自我谦称。
　　③辽西:辽河以西地带,是诗中女子所思念的人所在地。

〔英语注释〕

　　①教:the same as "叫"
　　②妾:a humble form that in ancient times women called themselves
　　③辽西:the west of the Liao River. The man whom the girl in the poem missed lived there.

〔日语注释〕

　　①教:"叫"に通ずる。
　　②妾:舊時、女性の謙譲自称。
　　③辽西:遼河以西の地。詩の中の女性の慕う人がいる所。

〔说明〕

　　金昌绪的诗在《全唐诗》中只收有这一首,却很有名,他的诗显然受了南朝乐府诗歌《读曲歌》的影响,但诗的时代意义却深刻得多。唐代边关多战争,男人多去打仗,家中留下日夜思念丈夫的妻

子,因此这类"思妇诗"就特别多。这首诗的特点是没有写妻子的失眠,而是在梦中不愿醒来,因为在梦中还可以与丈夫相会,醒来就一切成空了,这也就难怪她要"打起黄莺儿,莫教枝上啼"了。

江 雪

千山鸟飞绝,万径人踪灭①。
孤舟蓑笠翁,独钓寒江雪。

——〈唐〉柳宗元

〔拼音〕

Qiān shān niǎo fēi jué, wàn jìng rén zōng miè.
Gū zhōu suō lì wēng, dú diào hán jiāng xuě.

〔注释〕

①人踪灭:没有人的踪迹。

〔英语注释〕

①人踪灭:There is no trail of human.

〔日语注释〕

①人踪灭:絶えて人の足跡がない。

〔说明〕

柳宗元是中唐有名的文学家,他的山水诗写得很有特色。这首诗给我们描绘了一幅冬天雪后的美景:无论是远处的山峰还是

近处的小路,到处是一片银白色的世界,在这万籁俱寂的世界里,听不到小鸟的叫声,看不到行人的来往,只见一位穿戴蓑笠的老翁,独坐船头,怡然自得地垂钓。这样的情景真是充满诗意。

竹枝词 ①

杨柳青青江水平,闻郎江上唱歌声。
东边日出西边雨,道是无晴却有晴②。

——〈唐〉刘禹锡

〔拼音〕

Yáng liǔ qīng qīng jiāng shuǐ píng, wén láng jiāng shàng chàng gē shēng。
Dōng biān rì chū xī biān yǔ, dào shì wú qíng què yǒu qíng。

〔注释〕

①竹枝词:四川巴、渝一带的民歌。作者仿作十几首。这是组词《竹枝词二首》中的一首。

②晴:双关语,"晴"与"情"同音,借天气之晴隐喻人的"有情"与"无情"。

〔英语注释〕

①竹枝词: the folk song populated in Ba and Yu, Sichuan province. The poet wrote more than ten poems which imitated the style of this kind of folk song. Here is one of《竹枝词二首》.

②晴：It has the same pronunciation as"情", so it has a double meaning. That the weather is fine(晴)is used to indicate that people are passionate(情).

〔日语注释〕

①竹枝词：四川省巴渝一带の民謠。作者はそれにならい十数首作ったが、これは"竹枝詞二首"の一。

②晴：「晴」と「情」が同音のかけ言葉。空模樣の晴れと人の有情と無情の隠喩。

〔说明〕

刘禹锡的一些诗歌，是在模仿民歌创作方法的基础上写成的，而且获得了成功。这首《竹枝词》最有代表性。诗中利用民歌中借用谐音字一语双关的表现手法，以天气的"晴"暗指爱情的"情"，写得通俗易懂，活泼清新。

赋得古原草送别①

离离原上草②，一岁一枯荣③。
野火烧不尽，春风吹又生。
远芳侵古道④，晴翠接荒城⑤。
又送王孙去⑥，萋萋满别情⑦。

——〈唐〉白居易

〔拼音〕

    Lí lí yuán shàng cǎo, yī suì yī kū róng。
    Yě huǒ shāo bù jìn, chūn fēng chuī yòu shēng。
    Yuǎn fāng qīn gǔ dào, qíng cuì jiē huāng chéng。
    Yòu sòng wáng sūn qù, qī qī mǎn bié qíng。

〔注释〕

  ①赋得:凡是指定、限定的诗题,按例在题目上加"赋得"二字。原:原野。
  ②离离:繁茂盛多的样子。
  ③一岁:一年。荣:茂盛。
  ④远芳:蔓延的春草。
  ⑤晴翠:阳光照耀下的广阔绿野。
  ⑥王孙,本指贵族,这里指被送的友人。
  ⑦萋萋:草盛的样子。

〔英语注释〕

  ①赋得:Whenever the topic for the poem is appointed or prescribed, it is a rule to add"赋得"to the topic. 原:open country

  ②离离:the state of being flourishing

  ③一岁:one year;荣:flourishing

  ④远芳:the creeping spring grass

  ⑤晴翠:the vast greenland under the sun-shine

  ⑥王孙:originally refers to noble-man, but here refers to the friend to be seen off

  ⑦萋萋:the flourishing state of grass

〔日语注释〕

①赋得:いずれの限られる詩題の前に習慣によって「賦得」の二字を加える。原:原野、平野。
②离离:うっそうと生い茂っているさま。
③一岁:一年。荣:繁茂する。
④远芳:あちこちにのびた春草。
⑤晴翠:陽光のまばゆい広々とした野原。
⑥王孙:旧時,貴族の子孫を指すが,ここでは送られる友人のこと。
⑦萋萋:草が生い茂るさま。

〔说明〕

这首诗是白居易的早期作品,诗中不仅把草的顽强的生命力表现出来,还赋予它人的感情。其中"野火烧不尽,春风吹又生"成为不朽的名句。白居易也因此诗一举成名。

问刘十九①

绿蚁新醅酒②,红泥小火炉。
晚来天欲雪,能饮一杯无③?

——〈唐〉白居易

〔拼音〕

Lǜ yǐ xīn pēi jiǔ, hóng ní xiǎo huǒ lú。
Wǎn lái tiān yù xuě, néng yǐn yī bēi wú?

〔注释〕

①刘十九:白居易在江州结识的朋友,名字不详。十九:刘在兄弟中的排行。参见王维《送元二使安西》注。

②绿蚁:酒面上浮起的绿色泡沫,也借指酒。醅:未过滤的酒。

③无:等于"否"。

〔英语注释〕

①刘十九: a friend whom Bai Juyi got to know in Jiangzhou, whose real name is unknown; 十九: seniority among Liu's brothers and sisters. See the Notes in Wang Wei's《送元二使安西》.

②绿蚁: the green bubble above the wine, also referring to wine; 醅: unstrained spirits

③无: the same as "否"

〔日语注释〕

①刘十九:白居易が江州に滞在した時知り合った友人,姓名不詳。十九:兄弟の長幼の順序。劉という家の十九番目の息子。《送元二使安西》の注を見よ。

②绿蚁:酒の表面に出る緑色のあわ,転じて酒のことを指す。醅:精製していない酒。

③无:「否」に同じ。

〔说明〕

这首小诗极有生活情趣。在冬天行将下雪的晚上,适逢友人来访,主人热情招呼:来,让我们围着小炉,一起喝点儿酒怎么样?诗的语言幽默流畅,使人倍感亲切。

过华清宫①

长安回望绣成堆②,山顶千门次第开③。
一骑红尘妃子笑④,无人知是荔枝来。

——〈唐〉杜牧

〔拼音〕

Cháng ān huí wàng xiù chéng duī, shān dǐng qiān mén cì dì kāi.

Yī jì hóng chén fēi zǐ xiào, wú rén zhī shì lì zhī lái.

〔注释〕

①本题共三首,这是其中的一首。华清宫:唐宫殿名,在陕西临潼县城南骊山山上,是唐玄宗与杨贵妃游乐之地。

②长安:见杜甫《月夜》注。回望:从长安回望骊山。绣成堆:骊山两侧有东绣岭、西绣岭,远看如一堆锦绣。

③千门:指一层层的宫门。次第:一个接一个。

④一骑红尘:一人骑马飞奔而来,扬起尘土。妃子:指杨贵妃。据说杨贵妃喜欢吃鲜荔枝,派人千里骑马传送。

〔英语注释〕

①There are three poems all under the same topic, and this is one of them. 华清宫: name of a palace in the Tang Dynasty, which was located on Li Mountain, south to Lintong county, Shanxi province. The palace was set up for Tang Xuanzong and his imperial concubine-Yang Yuhuan to come for fun.

②长安：See the Notes in Du Fu's《月夜》. 回望：to look back at Li Mountain from Chang'an city；绣成堆：There are Dongxiuling Moutain and Xixiuling Mountain on either side of Li Mountain, which are very beautiful being looked from far away.

③千门：refers to the gates one after another in the palace. 次第：one after another

④一骑红尘：A man riding a horse was coming, and raised a lot of dust. 妃子：refers to Yang Yuhuan. It is said that Yang Yuhuan enjoyed fresh litchi, and sent people to bring it from places thousands Li away by riding horse.

〔日语注释〕
①全三首からなるうちの一首。华清宫：唐代の宮殿名。陝西省臨潼県南の驪山にある。玄宗皇帝と楊貴妃ゆかりの地。

②长安：《月夜》の注を見よ。回望：長安の都から驪山をふり返って望むと。绣成堆：驪山の両側には東繡嶺、西繡嶺があり、遠くから望めばつらなった錦織のように見える。

③千门：宮殿のいくつもの門。次第：次々に続いているさま。

④一骑红尘：土ぼこりを揚げ飛ぶようにやってきた騎手。妃子：楊貴妃のこと。楊貴妃は新鮮な荔枝を好み、遠くまで騎手を遣わし届けさせたという。

〔说明〕
这是一首讽喻诗。诗人在诗中表达了对统治者的荒淫生活的不满。唐玄宗宠爱杨贵妃。杨贵妃喜欢吃新鲜的荔枝，唐玄宗就让人从南方马不停蹄地送荔枝来。当使者骑马飞奔而来的时候，

只有杨贵妃张开了笑口,因为只有她知道这是荔枝到了。

清　明①

清明时节雨纷纷;路上行人欲断魂②。
借问酒家何处有③? 牧童遥指杏花村④。

——〈唐〉杜牧

〔拼音〕

Qīng míng shí jié yǔ fēn fēn, lù shàng xíng rén yù duàn hún。

Jiè wèn jiǔ jiā hé chù yǒu? mù tóng yáo zhǐ xìng huā cūn。

〔注释〕

①清明:节气名,在公历四月四、五或六日。民间习惯在这一天扫墓。

②行人:出门在外的人。断魂:形容极度哀伤的样子。

③借问:向人打听情况时所用的敬辞。

④杏花村:杏花深处的村子。

〔英语注释〕

①清明:solar term, it is about 4th, 5th or 6th of April. On this day people often go to pay respects to a dead person at his tomb.

②行人:people who's working or traveling afar;断魂:to describe the state of being extremely sorrow and upset

③借问:a term of expressing respect used when asking sth.

from others

④杏花村：a village in the far side of a large area of apricot flowers

〔日语注释〕

①清明：節気名。陽暦の四月四、五日又は六日。民間でこの日は墓参りの日とされる。

②行人：旅に出ている人。断魂：悲しみにひどく滅入っているさま。

③借問：他人に物を尋ねる時の敬語。

④杏花村：杏の花の多い村。

〔说明〕

每到清明节，人们就很容易想起杜牧的这首《清明》诗。中国自古有清明扫墓的习俗，出门在外的人却因不能回家而伤心，蒙蒙细雨更增添了思念家乡的情感，只有找个酒家，一醉解千愁。因为诗出了名，"杏花村"也成了酒家的代名词。

泊秦淮①

烟笼寒水月笼沙②，夜泊秦淮近酒家。
商女不知亡国恨③，隔江犹唱后庭花④。

——〈唐〉杜牧

〔拼音〕

Yān lǒng hán shuǐ yuè lǒng shā, yè bó qín huái jìn jiǔ jiā.

Shāng nǚ bù zhī wáng guó hèn, gé jiāng yóu chàng hòu tíng huā.

〔注释〕

①秦淮:河名,在江苏南京附近。
②笼:笼罩。
③商女:卖唱的歌女。
④后庭花:即乐曲《玉树后庭花》,为南朝陈后主所作。陈后主每天饮酒作乐,不理政事,最终导致亡国。人称此曲为"亡国之音"。

〔英语注释〕

① 秦淮: name of a river, located near Nanjing, Jiangsu province.
②笼: to cover
③商女: girl who sings for living
④后庭花: It's the same as 《玉树后庭花》, which was composed by the emperor Chen of Southern Dynasty. This emperor was drinking and seeking fun day after day without caring about the state's affairs, and later, his country was perished. This song was called "Music that caused the country's perishment".

〔日语注释〕

①秦淮:川の名。江蘇省南京の近くにある。
②笼:たちこめる。
③商女:歌女。
④后庭花:《玉樹后庭花》の曲のこと。南朝陳後主の作。陳後主は酒宴に明け暮れ、政を顧みず、終には国を亡ぼすに到った

ため、この曲を「亡国の音」とも言う。

〔说明〕
　　南朝陈后主沉湎于酒色，不理国事，最终导致亡国。他所作的乐曲《玉树后庭花》就被人们称为"亡国之音"。诗人在夜泊秦淮河的时候，听到那些卖唱的歌女在唱这首曲子，引起无限感慨。诗中表现了诗人对国家前途的担忧。

江南春绝句

千里莺啼绿映红，水村山郭酒旗风①。
南朝四百八十寺②，多少楼台烟雨中③。
　　　　　　　　　　　　——〈唐〉杜牧

〔拼音〕
　　Qiān lǐ yīng tí lǜ yìng hóng, shuǐ cūn shān guō jiǔ qí fēng.
　　Nán cháo sì bǎi bā shí sì, duō shǎo lóu tái yān yǔ zhōng.

〔注释〕
　　①山郭：山城；山村。
　　②四百八十寺：南朝帝王贵族多崇信佛教，修建了无数寺院。
　　③楼台：高大建筑物的泛称。这里指寺院的建筑。

〔英语注释〕
　　①山郭：mountain city; mountain village
　　②四百八十寺：Most of emperors and noblemen of the Southern

Dynasty were Buddhist, so a lot of temples were built at that time.

③楼台：a general term for high and large buildings, here referring to the buildings of temple

〔日语注释〕

①山郭：山里。

②四百八十寺：南朝の帝王貴族の多くは仏教を篤く信じ、いくつもの寺院を建てた。

③楼台：うてな、高殿。大きな建物の総称でここでは仏寺を指す。

〔说明〕

这首诗描写了江南春天的景色：千里莺啼，绿树红花，水乡山村，遍地酒家，佛院寺庙，亭台楼阁，短短四句诗，就描写了这么多的景物，怎不使人萌发下江南的愿望？

山　行

远上寒山石径斜，白云生处有人家①
停车坐爱枫林晚②，霜叶红于二月花。

——〈唐〉杜牧

〔拼音〕

　　Yuǎn shàng hán shān shí jìng xié, bái yūn shēng chù yǒu rén jiā.
　　Tíng chē zuò ài fēng lín wǎn, shuāng yè hóng yú èr yuè

huā。

〔注释〕
①白云生处：白云飘出来的地方，指山林最深处。"生处"，一作"深处"。
②坐：因为。

〔英语注释〕
①白云生处：place where the clouds are floating out, here referring to the deepest place in a forest；生处：another version used"深处"。
②坐：because

〔日语注释〕
①白云生处：白い雲が浮かんでいる所。山の叢林の奥。"生处"一本"深处"に作る。
②坐：～のために。

〔说明〕
秋天山上的风景最吸引人，而诗人所描写的山景就更加迷人了：曲曲弯弯的小路通向山顶，朵朵白云从山间飘出，在那白云飘浮的地方住着几户人家，而那满山遍野的枫叶，比二月的春花还要红，这也难怪诗人停下车来流连忘返了。

夜雨寄北①

君问归期未有期,巴山夜雨涨秋池。
何当共剪西窗烛②,却话巴山夜雨时③。

——〈唐〉李商隐

〔拼音〕

Jūn wèn guī qī wèi yǒu qī, bā shān yè yǔ zhǎng qiū chí。
Hé dāng gòng jiǎn xī chuāng zhú, què huà bā shān yè yǔ shí。

〔注释〕

①北:一作"内"。这是身居巴蜀(今四川省)的作者为住在北方的妻子写的诗。
②何当:何时。剪烛:剪去烧焦的烛芯,使之更明亮。
③却:回溯;回忆。诗的最后两句是作者盼望回家与妻团聚,彻夜长谈。

〔英语注释〕

①北:Another version used "内". This is the poem the poet wrote for his wife who lived in the north of China when he was in Bashu(now Sichuan province).
②何当:when; 剪烛:to trim off the snuff to make the candle brighter
③却:to recollect. The last sentence of this poem is to say that

the poet was expecting to go back home and talk with his wife all night.

〔日语注释〕

①北："内"とする版本もある。巴蜀(今の四川省)にいる作者が北に住む妻に宛て書いた詩。

②何当：いつ。剪烛：灯心を切って明るくする。

③却：回顧する。追憶する。詩の最後の二句で作者は家に帰り妻と二人で夜通し語り合いたいと切望する。

〔说明〕

这是诗人身居巴蜀时给住在北方妻子的一首诗。诗虽不长，却像一封家书，对妻子娓娓而谈，先是遗憾地告诉妻子自己现在不能回去，而且也不知什么时候能够回去，接着叙述了所居之处的风景，最后表达了自己盼望早日与妻子团聚的强烈愿望。

无 题

相见时难别亦难，东风无力百花残①。
春蚕到死丝方尽②，蜡炬成灰泪始干。
晓镜但愁云鬓改③，夜吟应觉月光寒④。
蓬山此去无多路⑤，青鸟殷勤为探看⑥。

——〈唐〉李商隐

〔拼音〕

Xiāng jiàn shí nán bié yì nán, dōng fēng wú lì bǎi huā

cán。

Chūn cán dào sǐ sī fāng jìn, là jù chéng huī lèi shǐ gān。
Xiǎo jìng dàn chóu yún bìn gǎi, yè yín yīng jué yuè guāng hán。
Péng shān cǐ qù wú duō lù, qīng niǎo yīn qín wèi tàn kàn。

〔注释〕

①这两句是说:相见的机会难得,别离时便觉得难舍难分,再加上别离时正值春末花谢,更加使人伤感。

②丝:作者以蚕丝象征情丝,下句以烛泪象征别离之泪。

③云鬓:形容妇女浓黑而柔美的鬓发。这句是设想对方因相思夜不能眠,清晨梳妆发现又生白发而更添愁意。

④这句也是设想是对方夜不能眠而月下吟诗。

⑤蓬山:蓬莱山的简称,传说中的海外仙山。这里借指对方住处,比喻无缘与对方再相见。

⑥青鸟:神话中的鸟,是西王母派去探望汉武帝的信使,后比喻为传递信息的使者。这里是说希望有人能为我探寻对方信息。

〔英语注释〕

①This sentence is to say that it was difficult to meet and hard to part, and we felt sadder because we parted in the late spring when the flowers had all withered.

②丝: The poet used the silk of worm to indicate passion. In the following sentence the tears of candle was used to indicate the tears of those who parted from each other.

③云鬓: woman's hair which is dark black and gentle. This sentence is to say that the poet supposed that she could not go to sleep at night and was sad to find more grey hair in the morning.

④This sentence is to say that the poet supposed that she could not go to sleep and made poems in the moonlight.

⑤蓬山:the abbreviation of Penglai Mountain, which is a overseas immortals mountain in legend. Here "蓬山" refers to the place where she lived, which was so far away that they could hardly meet each other.

⑥青鸟:a bird, which was the messenger sent by the Goddess to visit Wu Di of Han Dynasty, and now refers only to messenger. Here it indicates that the poet hoped that there was a messenger who could see her on behalf of him.

〔日语注释〕

①この二句は、互いに会える機会は得がたいし,いざ別れとなるとどうしても離れがたい気持がこみあげてくる。時恰も晩春で,散りゆく花がいっそう感傷的な気分をさそう。

②丝:作者は蚕の系を心の系に、次の句では溶けて流れるろうそくを別れの涙にシンボライズしている。

③云鬓:女性の美しい豊かな黒髪。この句は相手の女性がつのる想いで夜も眠れず朝早く髪をすく時に白髪を見つけなおいっそう憂いをめぐらすと想定している。

④この句は眠れぬ月夜に詩を吟じる姿を描いている。

⑤蓬山:蓬萊山の略称。伝説で渤海中にある仙山。ここでは相手の住む場所を表し、再び相まみえる術のないことを喩える。

⑥青鸟:神話に出てくる鳥。西王母が漢の武帝に使者として遣わしたという。後に便りを伝える使者に喩えられる。ここでは誰か自分に代って相手の消息を尋ねてほしいと願う意。

〔说明〕

诗虽名为《无题》,可是从诗句中我们可以看出,这是一首缠绵悱恻的爱情诗。与自己所爱的人难得一见,聚后的分别就更使人依依不舍。可以想像你离开我以后的情景:你会因思恋我生白发,你也会因想念我而失眠。只希望能有人为我们传递信息,让我常常得到你的消息。诗中用了两句极为恰当的比喻来说明自己的爱:"春蚕到死丝方尽,蜡炬成灰泪始干。"这两句诗因比喻得生动形象,成为后世人们表达爱情的誓言。

乐游原①

向晚意不适②,驱车登古原③。
夕阳无限好,只是近黄昏。

——〈唐〉李商隐

〔拼音〕

Xiàng wǎn yì bù shì, qū chē dēng gǔ yuán。
Xī yáng wú xiàn hǎo, zhī shì jìn huáng hūn。

〔注释〕

①乐游原:汉代在长安城南修筑的登高游览地。
②向晚:天色将晚;傍晚。意不适:心里不痛快。
③古原:指乐游原。

〔英语注释〕

①乐游原：situated in the south of Chang'an, which was a scenic spot built in Han Dynasty for people to ascend a height.

②向晚：evening; dusk; 意不适：to fell uneasy in one's mind

③古原：refers to "乐游原".

〔日语注释〕

①乐游原：漢代、長安の都の南につくられた游覧のための丘陵地。

②向晚：暮れなずむ夕方。意不适：心中意にそわないものがある。

③古原：楽游原を指す。

〔说明〕

天色将晚，诗人感觉心里不痛快，便驱车来到了乐游原这个登高游览的胜地。见夕阳西下，天边一片彩霞。多美的落日情景啊，可惜太阳就要落下山了。诗人借这首小诗感叹人生的短促，常在老年人心里引起共鸣。受这首诗的影响，今日人们用"黄昏恋"比喻老人之间的爱情。

浪淘沙①

帘外雨潺潺②，春意阑珊③。罗衾不耐五更寒④。梦里不知身是客，一晌贪欢⑤。

独自莫凭栏⑥，无限江山。别时容易见时难。流水落

花春去也,天上人间⑦!

——〈五代〉李煜

〔拼音〕

Lián wài yǔ chán chán, chūn yì lán shān。Luó qīn bù nài wǔ gēng hán。Mèng lǐ bù zhī shēn shì kè, yī shǎng tān huān。

Dú zì mò píng lán, wú xiàn jiāng shān。Bié shí róng yì jiàn shí nán。Liú shuǐ luò huā chūn qù yě, tiān shàng rén jiān!

〔注释〕

①浪淘沙:词牌名。
②潺潺:形容连绵不断的雨声。
③阑珊:将尽;衰残。
④罗衾:丝绸制成的被子。
⑤一晌:指短时间。"一晌"又作"一饷"。
⑥凭:靠着。
⑦天上人间:形容生活发生了根本的变化,帝王生活一去不返。

〔英语注释〕

①浪淘沙;name of *cipai*, which is the tune to which *ci* (poetry written to certain tunes with strict tonal patterns and rhyme schemes, in fixed numbers of lines and words) poems are composed
②潺潺:used to describe the continous sound of the rain
③阑珊:to come to an end;to wane
④罗衾:quilt made of silk
⑤一晌:refers to a short time. Another version used "一饷".
⑥凭:to lean against

⑦天上人间：refers to the great change of life, indicating that the good old times as an emperor has passed for ever.

〔日语注释〕
①浪淘沙：詞牌(詞の格調)の名称。
②潺潺：しとしと降り続く雨の音。
③阑珊：終りに近づく。凋落する。
④罗衾：絹織の上掛。
⑤一晌：ひと時、片時。一本"一饷"に作る。
⑥凭：もたれかかる。
⑦天上人间：今までの生活は一変し、帝王であった時はもう戻ってこない。

〔说明〕
　　李煜身为一国之主，却不理国事，整天陶醉于风花雪月之中，结果亡国当了俘虏。眼见大好河山葬送在自己手里，忍不住感慨万分，他的几首著名的词都反映了他做了俘虏以后的心情。这首词写他梦中醒来，想想梦中贪欢情景，看看眼前凄凉景象，感叹"流水落花春去也，天上人间"。

虞美人①

　　春花秋月何时了②？往事知多少！小楼昨夜又东风，故国不堪回首月明中③。
　　雕栏玉砌应犹在④，只是朱颜改⑤。问君能有几多

愁⑥？恰似一江春水向东流。

——〈五代〉李煜

〔拼音〕

Chūn huā qiū yuè hé shí liǎo? wǎng shì zhī duō shǎo! Xiǎo lóu zuó yè yòu dōng fēng, gù guó bù kān huí shǒu yuè míng zhōng.

Diāo lán yù qì yīng yóu zài, zhǐ shì zhū yán gǎi. Wèn jūn néng yǒu jǐ duō chóu? qià sì yī jiāng chūn shuǐ xiàng dōng liú.

〔注释〕

①虞(yú)美人：词牌名。
②了：完毕；结束。
③故国：指灭亡的南唐。不堪：承受不了。回首：回头看,这里是回忆往事的意思。
④雕栏玉砌：指南唐的宫殿。
⑤朱颜改：作者为自己面目憔悴、已非昨日而感伤。
⑥几多：多少。

〔英语注释〕

①虞(yú)美人：name of *cipai*
②了：to be over; to finish
③故国：refers to the Southern Tang Dynasty which was overthown. 不堪：can't bear; 回首：to turn one's head, here referring to thinking of the past
④雕栏玉砌：refers to the palace of the Southern Tang Dynasty.
⑤朱颜改：The poet was sad at his pining appearance.
⑥几多：how many

〔日语注释〕
①虞(yú)美人：詞牌名。
②了：完結する。終わる。
③故国：滅亡した南唐のこと。不堪：堪えがたい。回首：ふりかえって見る。ここでは過去を追想する意。
④雕栏玉砌：南唐の宮殿を指す。
⑤朱颜改：作者は自分の憔悴した顔がもはやかつての美しさとはかけ離れていることに万感の思いを抱いている。
⑥几多：どのくらい。

〔说明〕
这也是李煜被俘后写的一首词。他被囚禁在小楼之中，想像着故国现在的情景，不由得无限惆怅涌上心头。要问这愁有多长，"恰似一江春水向东流"。李煜后来为此而被杀，但这形象的比喻却成为流传千古的佳句。

乌夜啼①

无言独上高楼，月如钩。寂寞梧桐深院，锁清秋②。
剪不断，理还乱，是离愁③；别是一般滋味，在心头。

——〈五代〉李煜

〔拼音〕
Wú yán dú shàng gāo lóu, yuè rú gōu. Jì mò wú tóng shēn yuàn, suǒ qīng qiū.

Jiǎn bù duàn, lǐ huán luàn, shì lí chóu; bié shì yī bān zī wèi, zài xīn tóu.

〔注释〕
　　①乌夜啼:词牌名。
　　②清秋:冷冷清清的秋天。
　　③离愁:指失去国家之愁。

〔英语注释〕
　　①乌夜啼:name of *cipai*
　　②清秋:cold and cheerless autumn
　　③离愁:the sorrow the poet felt when his nation was subjugated

〔日语注释〕
　　①乌夜啼:詞牌名。
　　②清秋:もの寂しい秋。
　　③离愁:国を失った哀しみ。

〔说明〕
　　李煜被俘后,被独自锁在一个深深的庭院之中。他觉得心中的愁绪,无法理清,就像一团乱麻,"剪不断,理还乱",心中"别是一般滋味"。

菩萨蛮①

枕前发尽千般愿:要休且待青山烂,
水面上秤锤浮②,直待黄河彻底枯。
白日参辰现③,北斗回南面④。
休即未能休,且待三更见日头。

——敦煌曲子词

〔拼音〕

Zhěn qián fā jìn qiān bān yuàn: yào xiū qiě dài qīng shān làn,
Shuǐ miàn shàng chèng chuí fú, zhí dài huáng hé chè dǐ kū。
Bái rì shēn chén xiàn, běi dǒu huí nán miàn。
Xiū jí wèi néng xiū, qiě dài sān gēng jiàn rì tóu。

〔注释〕

①菩萨蛮:词牌名。
②秤锤:原作"秤塠"。
③参辰:二星宿名,这里泛指星辰。
④北斗:星座名。回:转。

〔英语注释〕

①菩萨蛮:name of *cipai*
②秤锤:The original version used"秤塠".
③参辰:names of two constellation, here generally referring to

stars

④北斗:name of constellation;回:to revolve

〔日语注释〕
①菩萨蛮:詞牌名。
②秤锤:原作では"秤埵"
③参辰:古代中国の二十八宿(星座)の一つ。ここでは広く星座を指す。
④北斗:ほくとしちせい。回:まわる。

〔说明〕
敦煌曲子词是近代在敦煌石窟发现的写本,多没有标明作者姓名,且词中多异体字以及错字,可见属民间文学作品。这首词是写男女相爱永不变心的誓言,词的语言泼辣、大胆,与汉代民歌《上邪》如出一辙。

浣溪沙①

一曲新词酒一杯,去年天气旧亭台,夕阳西下几时回?
无可奈何花落去,似曾相识燕归来。小园香径独徘徊②。

——〈宋〉晏殊

〔拼音〕
Yī qǔ xīn cí jiǔ yī bēi, qù nián tiān qì jiù tíng tái, xī yáng xī xià

jǐ shí huí?

　　Wú kě nài hé huā luò qù, sì céng xiāng shí yàn guī lái。Xiǎo yuán xiāng jìng dú pái huái。

〔注释〕

　　①浣(huàn)溪沙:词牌名。
　　②香径:散发着花香的园间小路。

〔英语注释〕

　　①浣(huàn)溪沙:name of *cipai*
　　②香径: the path which is permeated with the fragrance of flowers

〔日语注释〕

　　①浣(huàn)溪沙:詞牌名。
　　②香径:花の香の漂う庭園の小道。

〔说明〕

　　这首词带有感伤的情调。词人于暮春时旧地重游,天气还是去年的天气,亭台还是旧日的亭台,可眼望着无可奈何的落花,似曾相识的归燕,使人感觉到岁月年华的飞快流逝,不免引起一番伤感。

雨霖铃①

　　寒蝉凄切,对长亭晚②,骤雨初歇。都门帐饮无绪③,

留恋处,兰舟催发④。执手相看泪眼,竟无语凝噎⑤。念去去千里烟波⑥,暮霭沉沉楚天阔⑦。

多情自古伤离别,更那堪、冷落清秋节⑧!今宵酒醒何处?杨柳岸,晓风残月。此去经年⑨,应是良辰好景虚设。便纵有千种风情⑩,更与何人说⑪?

——〈宋〉柳永

〔拼音〕

Hán chán qī qiè, duì cháng tíng wǎn, zhòu yǔ chū xiē. Dū mén zhàng yǐn wú xù, liú liàn chù, lán zhōu cuī fā. Zhí shǒu xiāng kàn lèi yǎn, jìng wú yǔ níng yē. Niàn qù qù qiān lǐ yān bō, mù ǎi chén chén chǔ tiān kuò.

Duō qíng zì gǔ shāng lí bié, gèng nǎ kān、lěng luò qīng qiū jié! Jīn xiāo jiǔ xǐng hé chù? Yáng liǔ àn, xiǎo fēng cán yuè. Cǐ qù jīng nián, yīng shì liáng chén hǎo jǐng xū shè. Biàn zòng yǒu qiān zhǒng fēng qíng, gèng yǔ hé rén shuō?

〔注释〕

①雨霖铃:词牌名。
②寒蝉:蝉的一种。长亭:古时设在大路旁供行人休息的亭舍,也是古人送别的地方。十里一长亭,五里一短亭。
③都门帐饮:在京城郊外设帐宴饮送行。绪:情绪。
④留恋处:一作"方留恋处"。兰舟:即"木兰舟",船的美称。
⑤凝噎:因悲痛而说不出话来。
⑥念:心中思虑。烟波:烟雾苍茫的水面。
⑦暮霭:傍晚日落时的雾气。楚:湖北一带。这两句是说,心中思虑的是所爱之人将去千里之外的楚地。

⑧那堪：哪里能经受。清秋节：冷落、凄清的深秋时节。
⑨经年：经过一年又一年。
⑩纵：即使。风情：指男女相爱之情。
⑪更：又。

〔英语注释〕

①雨霖铃：name of *cipai*

②寒蝉：a kind of cicada；长亭：the kiosk on the side of road for travellers to have a rest or to bid farewell in ancient times. There is a "Changting" every ten *li* and a "Duanting(短亭)"every five *li*.

③都门帐饮：to pitch a tent on the outskirts of the capital city to give a send-off dinner；绪：feelings

④留恋处：Another version used"方留恋处"."兰舟：the abbreviation of "木兰舟", which is the laudatory name for boats

⑤凝噎：to be choked because of sadness

⑥念：to worry；烟波：the water surface covered with fog

⑦暮霭：the mist in the evening；楚：the area around Hubei province. This sentence is to say that "What the poet worried about was that his lover would go to Chu region which was far away".

⑧那堪：can't bear；清秋节：the late autumn which is cold and cheerless

⑨经年：one year after another

⑩纵：even though；风情：love between man and woman

⑪更：again

〔日语注释〕

①雨霖铃：詞牌名。

②寒蝉：蝉の一種。(ツクツクホウシ)

長亭:旧時、道路上の各所に設けられた旅行者の休憩する所。送別の場所でもあった。十里ごとに長亭、五里ごとに短亭を置いた。

③都门帐饮:都の城外に幕を張って別れの酒宴をする。緒:気分。

④留恋处:一本"方留恋处"に作る。

　蘭舟:"木兰舟"のこと。船の美称。

⑤凝噎:むせび泣く。

⑥念:心にかける。烟波:烟のたちこめたような波の上。

⑦暮霭:夕暮のもや。楚:湖北一帯の地。この二句は、愛する人が遙か遠くの地に行ってしまうことが心を離れない。

⑧那堪:どうして耐えられようか。清秋节:もの寂しいうら悲しい晩秋の候。

⑨经年:一年又一年が過ぎる。

⑩纵:よしんば～でも。风情:男女の恋愛の情。

⑪更:その上。

〔说明〕
　　这是宋代著名词人柳永的代表作。词中描写了情人送别时的情景,语言生动流畅,场面真实感人。尤其是"执手相看泪眼,竟无语凝噎",堪称送别佳句;而"今宵酒醒何处,杨柳岸,晓风残月"的丰富想像,更是令人拍案叫绝。

蚕　妇

昨日入城市,归来泪满巾。

遍身罗绮者①,不是养蚕人!

——〈宋〉张俞

〔拼音〕

Zuó rì rù chéng shì, guī lái lèi mǎn jīn。
Biàn shēn luó qǐ zhě, bù shì yǎng cán rén。

〔注释〕

①罗绮:指丝绸衣裳。

〔英语注释〕

①罗绮:clothes made of silk

〔日语注释〕

①罗绮:薄絹の衣。

〔说明〕

宋诗多议论,这首诗议论得恰到好处。乡村养蚕的人们,穿不上丝织的衣裳,而那些不劳动的人却遍身绫罗绸缎。通过对比,表示了对这种不公平现象的责难,也表现了对养蚕者的同情。

泊船瓜洲①

京口瓜洲一水间②,钟山只隔数重山③。
春风又绿江南岸④,明月何时照我还?

——〈宋〉王安石

〔拼音〕

　　Jīng kǒu guā zhōu yī shuǐ jiān, zhōng shān zhǐ gé shù chóng shān。

　　Chūn fēng yòu lǜ jiāng nán àn, míng yuè hé shí zhào wǒ huán?

〔注释〕

①瓜洲：地名，在江苏省邗(hán)江县南，位于长江北岸。
②京口：今江苏省镇江市，在长江南岸，与瓜洲隔江相望。
③钟山：即南京紫金山，也借指南京。

〔英语注释〕

①瓜洲：name of a place which is located to the north of the Changjiang River, in the south of Hanjiang county, Jiangsu province

②京口：now city of Zhenjiang, Jiangsu province, located to the south of Changjiang River, which is opposite to Guazhou

③钟山：present-day Zijin Mountain in Nanjing, which is also used to refer to Nanjing

〔日语注释〕

①瓜洲：地名。江蘇省険江県南、長江北岸に位する。
②京口：今の江蘇省鎮江市。長江南岸にあり、南京を指す場合もある。瓜洲と長江を隔て相対している。
③钟山：南京の紫金山のこと。南京も表す。

〔说明〕

　　王安石这首诗，因"春风又绿江南岸"这句而出名。据说开始

的时候,他写的是"春风又到江南岸",后又将"到"字改成"过"、"入"、"满"等字,最后选定了"绿"字。通过比较我们可以看出:这个"绿"字比其他字要好得多。

饮湖上初晴后雨

水光潋滟晴方好①,山色空濛雨亦奇②。
欲把西湖比西子③,淡妆浓抹总相宜。

——〈宋〉苏轼

〔拼音〕

  Shuǐ guāng liàn yàn qíng fāng hǎo, shān sè kōng méng yǔ yì qí。
  Yù bǎ xī hú bǐ xī zǐ, dàn zhuāng nóng mǒ zǒng xiāng yí。

〔注释〕

  ①潋滟:水波闪动的样子。
  ②空濛:形容雨中雾气迷茫。
  ③西子:春秋时越国美女西施。

〔英语注释〕

  ①潋滟:to describe the glistening of water
  ②空濛:the foggy scene in the rain
  ③西子:Xishi, the beauty of the State of Yue during the Spring and Autumn Period

〔日语注释〕

①潋滟:水がひたひたと流動するさま。
②空濛:小雨がそぼふりかすんでいるさま。
③西子:春秋時代の越国の美女西施。

〔说明〕

　　这是宋朝大文学家苏轼赞美西湖风景的名篇。诗人采用对比的手法,先写水,后写山;先写晴,后写雨。诗人赞美西湖的风景无论在怎样的天气下都是美的,然后诗人笔锋一转,将西湖与古代美女西施相比,指出西湖就像西施一样,有一种内在的美,无论是否打扮都很漂亮。

题西林壁①

横看成岭侧成峰,远近高低各不同。
不识庐山真面目②,只缘身在此山中③。

——〈宋〉苏轼

〔拼音〕

　　Héng kàn chéng lǐng cè chéng fēng, yuǎn jìn gāo dī gè bù tóng。
　　Bù shí lú shān zhēn miàn mù, zhǐ yuán shēn zài cǐ shān zhōng。

〔注释〕
　①西林:寺名,在庐山。
　②庐山:见李白《望庐山瀑布》注。
　③缘:因为。

〔英语注释〕
　①西林:name of a temple which is in Lu Mountain
　②庐山:See Notes in Li Bai's《望庐山瀑布》.
　③缘:because

〔日语注释〕
　①西林:廬山にある寺院の名。
　②庐山:李白《望庐山瀑布》の注を見よ。
　③缘:～のために

〔说明〕
　这首诗是诗人游庐山时所作。诗人先写庐山之景,后又引发出富有哲理的诗句,因为使用得当,使人忽视了议论之嫌。而且,"不识庐山真面目"竟成为后来一句令人品味的成语。

惠崇春江晓景①

　　竹外桃花三两枝,春江水暖鸭先知。
　　蒌蒿满地芦芽短②,正是河豚欲上时③。

　　　　　　　　　　　——〈宋〉苏轼

〔拼音〕

　　Zhú wài táo huā sān liǎng zhī, chūn jiāng shuǐ nuǎn yā xiān zhī。

　　Lóu hāo mǎn dì lú yá duǎn, zhèng shì hé tún yù shàng shí。

〔注释〕

　　①惠崇：宋朝著名画家，是个和尚，曾画《春江晓景图》。这首诗就题在这幅画上。
　　②蒌蒿：一种植物的名字。芦芽：芦笋。
　　③河豚：鱼名，味道鲜美，但有剧毒。

〔英语注释〕

　　①惠崇：a famous artist of Song Dynasty who is a monk. He painted a picture called《春江晓景图》(the morning of the river in spring)on which this poem was written.
　　①蒌蒿：name of a kind of plant；芦芽：asparagus
　　②河豚：balloonfish which is delicious but poisonous

〔日语注释〕

　　①惠崇：宋代の著名な画家で僧侶でもあった。《春江晓景图》を描いた。この詩はその絵に題したもの。
　　②蒌蒿：ヤマヨモギ。芦芽：アシの新芽(食用となる)。
　　③河豚：フグ。

〔说明〕

　　苏轼这首诗是题在宋代著名画家、和尚惠崇所画的《春江晓景

183

图》上的。诗歌再现了画中春江清晨的风景：竹林、桃花、春江、群鸭、蒌蒿、芦芽，再加上水中的河豚，仅仅四句诗，写了这么多景物，而且一点儿没有罗列之嫌，可见苏轼是一个写景的高手。其中"鸭先知"不仅写出了情，而且写出了理。

江城子①

乙卯正月二十日记梦②

十年生死两茫茫③。不思量，自难忘。千里孤坟④，无处话凄凉。纵使相逢应不识⑤，尘满面，鬓如霜⑥。

夜来幽梦忽还乡⑦。小轩窗⑧，正梳妆。相顾无言，惟有泪千行。料得年年肠断处⑨：明月夜，短松冈⑩。

——〈宋〉苏轼

〔拼音〕

Shí nián shēng sǐ liǎng máng máng。Bù sī liáng, zì nán wàng。Qiān lǐ gū fén, wú chù huà qī liáng。Zòng shǐ xiāng féng yīng bù shí, chén mǎn miàn, bìn rú shuāng。

Yè lái yōu mèng hū huán xiáng。Xiǎo xuān chuāng, zhèng shū zhuāng。Xiāng gù wú yán, wéi yǒu lèi qiān háng。Liào dé nián nián cháng duàn chù：Míng yuè yè, duǎn sōng gāng。

〔注释〕

①江城子：词牌名。

②乙卯:中国古代以天干、地支纪年。这年是公元 1075 年。

③茫茫:渺茫,模糊不清。这句是说妻死十年,双方隔绝,互相不了解。

④千里孤坟:坟在千里之外。

⑤纵使:即使。

⑥这两句是说:自己这十年整日忙碌,日渐衰老,若妻子见了,一定认不出了。

⑦这句是说:夜里做梦,梦见妻子回到故乡。

⑧小轩窗:小的窗户。

⑨料得:料想得到。肠断:伤心至极。

⑩短松冈:指坟墓所在的山地。

〔英语注释〕

①江城子:name of *cipai*

②乙卯:In ancient China, people used the ten Heavenly Stems in combination with the twelve Earthly Branches to designate years, months, days and hours. This year was 1075.

③茫茫:vague. This sentence is to say that the poet's wife had been dead for ten years. They had been seperated for such a long time that they did not know each other very well.

④千里孤坟:The tomb was far away.

⑤纵使:even though

⑥This sentence is to say that the poet got so old that his wife would not recognize him if they had met.

⑦This sentence is to say that the poet dreamed at night that his wife came back home.

⑧小轩窗:small windows

⑨料得:to be able to predict

⑩短松冈：the hilly county where the tomb was situated

〔日语注释〕
　①江城子：詞牌名。
　②乙卯：中国古代の十干十二支による紀年法。西暦1075年に当たる。
　③茫茫：果てしなく、はっきり見えないこと。この句は妻が亡くなり十年互いに断絶され、心を交わすこともなくなってしまった。
　④千里孤坟：墓は遠く離れている。
　⑤纵使：たとえ～であろうとも。
　⑥この二句は自分はこの十年あわただしい毎日をおくり老けこんでいくばかりで、もし妻が見たらきっと私だと分からないだろうの意。
　⑦この句は夜、妻が郷里に帰って来た夢を見た。
　⑧小轩窗：小窓。
　⑨料得：想像しうる。腸断：こらえきれない悲しみ。
　⑩短松冈：お墓のある山地。

〔说明〕
　　这是一首著名的悼亡词，作者在词中写了对已故妻子的悼念。妻子去世已经十年了，十年来，妻子的身影作者一直难以忘怀，以致做梦梦见妻子回到家乡，久别重逢，该说些什么呢？"相顾无言，惟有泪千行"，这令人感动的场景，真令读者也要落泪了。

水调歌头①

丙辰中秋,欢饮达旦,大醉,作此篇兼怀子由②

明月几时有?把酒问青天③。不知天上宫阙,今夕是何年。我欲乘风归去,又恐琼楼玉宇④,高处不胜寒⑤。起舞弄清影,何似在人间⑥!

转朱阁⑦,低绮户⑧,照无眠⑨。不应有恨,何事长向别时圆⑩?人有悲欢离合,月有阴晴圆缺,此事古难全。但愿人长久,千里共婵娟⑪。

——〈宋〉苏轼

〔拼音〕

Míng yuè jǐ shí yǒu? Bǎ jiǔ wèn qīng tiān。Bù zhī tiān shàng gōng què, jīn xī shì hé nián。Wǒ yù chéng fēng guī qù, yòu kǒng qióng lóu yù yǔ, gāo chù bù shèng hán。Qǐ wǔ nòng qīng yǐng, hé sì zài rén jiān!

Zhuǎn zhū gé, dī qǐ hù, zhào wú mián。Bù yīng yǒu hèn, hé shì cháng xiàng bié shí yuán? Rén yǒu bēi huān lí hé, yuè yǒu yīn qíng yuán quē, cǐ shì gǔ nán quán。Dàn yuàn rén cháng jiǔ, qiān lǐ gòng chán juān。

〔注释〕

①水调歌头:词牌名。

②旦:天亮。子由:苏轼的弟弟,姓苏名辙,字子由。以上是这首词的小序。古人写诗词,有时通过小序交代背景。

③把酒:端起酒杯。

④琼楼玉宇:指月中宫殿。

⑤不胜:不能承受。

⑥何似:哪里像是。

⑦转朱阁:月光从华美楼阁的一面转到另一面。

⑧低绮户:月光低低地透过雕花窗户。

⑨无眠:有心事不能安眠的人。

⑩何事:为何;为什么。这句是说,(月亮)为什么总是在人们分别的时候圆呢?

⑪婵娟:形容月色明媚,这里代指明月。

〔英语注释〕

①水调歌头:name of *cipai*

②旦:dawn;子由:The name of Sushi's younger brother was Suzhe, whose another name was Ziyou. This paragraph was a short preface by which poets in ancient times explained the background of a poem.

③把酒:to hold the glass of wine

④琼楼玉宇:refers to the palace on the moon.

⑤不胜:can't bear

⑥何似:not like

⑦转朱阁:The moonlight moved from one side of the magnificent pavilion to the other side.

⑧低绮户:The moonlight passed through the carved windows.

⑨无眠:person who was worried and can not go to sleep

⑩何事:Why. This sentence is to ask why the moon became

round when people parted.

⑪婵娟：to describe that the moonlight is bright and beautiful, here referring to the moon

〔日语注释〕

①水调歌头：詞牌名。
②旦：夜明け。子由：蘇軾の弟蘇轍、字を子由と言った。ここまではこの詞の序にあたる。古詩ではよく序を以て詩の背景を述べることがある。
③把酒：酒杯を両手で持つ。
④琼楼玉宇：月の宮殿。
⑤不胜：～に堪えない。
⑥何似：～に似ても似つかない。
⑦转朱阁：月光が華麗な御殿のこちらからあちらへ移る。
⑧低绮户：月光が雕刻をほどこした美しい窓に射し込んでくる。
⑨无眠：心配ごとで寝つかれぬ人。
⑩何时：どうして，何ゆえに。この句は、(月よ)どうして人人が別れるときに丸いのか。
⑪婵娟：月があでやかで美しい。月の別称。

〔说明〕

苏轼是宋代豪放派词人的代表，他的词一反婉约派词的缠绵悱恻，写出了豪放的胸怀。中秋节是家人团聚的日子，而苏轼却一人漂泊在外，只能独自借酒浇愁。但是他并不因此而消沉。"人有悲欢离合，月有阴晴圆缺，此事古难全。但愿人长久，千里共婵娟。"这几句词，意态超脱，语言旷达，成为后人送别时互勉的佳句。

念奴娇①

赤壁怀古②

大江东去,浪淘尽、千古风流人物③。故垒西边④,人道是、三国周郎赤壁⑤。乱石穿空,惊涛拍岸,卷起千堆雪⑥。江山如画,一时多少豪杰。

遥想公瑾当年⑦,小乔初嫁了⑧,雄姿英发⑨。羽扇纶巾⑩,谈笑间、樯橹灰飞烟灭⑪。故国神游⑫,多情应笑我⑬,早生华发⑭。人间如梦,一樽还酹江月⑮。

——〈宋〉苏轼

〔拼音〕

Dà jiāng dōng qù, làng táo jìn、qiān gǔ fēng liú rén wù。Gù lěi xī biān, rén dào shì、sān guó zhōu láng chì bì。Luàn shí chuān kōng, jīng tāo pāi àn, juǎn qǐ qiān duī xuě。Jiāng shān rú huà, yī shí duō shǎo háo jié。

Yáo xiǎng gōng jǐn dāng nián, xiǎo qiáo chū jià liǎo, xióng zī yīng fā。Yǔ shàn guān jīn, tán xiào jiān、qiáng lǔ huī fēi yān miè。Gù guó shén yóu, duō qíng yīng xiào wǒ, zǎo shēng huá fà。rén jiān rú mèng, yī zūn huán lèi jiāng yuè。

〔注释〕

①念奴娇:词牌名。

②赤壁:在长江岸边,三国时周瑜在此大破曹兵。现长江边有赤壁多处,作者所游赤壁在湖北黄冈,据考证,并非三国赤壁之战处。

③风流人物:杰出的人物。

④故垒:旧时的营垒。

⑤周郎:指周瑜,三国著名人物,曾率吴军大破曹军于赤壁。

⑥穿空:一作"崩云"。这三句是描写大浪拍岸时的壮观情景。

⑦公瑾:周瑜字公瑾。

⑧小乔:周瑜之妻。

⑨英发:才华显露,神采焕发。

⑩纶巾:有青丝带的头巾。羽扇纶巾:古代有文才的将领多如此装束。这里指周瑜的装束。

⑪樯橹:指战船。一作"强虏"。

⑫故国神游:神游故国。作者凭吊古迹,神魂仿佛已经到了古时的三国。

⑬多情应笑我:这句是说:人们一定会笑我太多情。

⑭华发:花白的头发。

⑮樽:酒具。酹:把酒洒在地上表示祭奠。

〔英语注释〕

①念奴娇:name of *cipai*

②赤壁:alongside the Changjiang River where Zhou Yu defeated Cao Cao during the Three Kingdoms period. Now there are several places alongside the Changjiang River which are called "Chibi". The "Chibi" the poet visited is located in Huanggang, Hubei Province which is supposed by textual research not the right place of the Battle of Chibi.

③风流人物:outstanding people

④故垒：former barracks

⑤周郎：refers to Zhou Yu, a famous general in the period of the Three Kingdoms who commanded the troops of Wu and defeated Cao Cao in Chibi.

⑥穿空：Another version used"崩云". This sentence describes the splendid scene of the wave's lashing the bank.

⑦公瑾：another name of Zhou Yu

⑧小乔：Zhou Yu's wife

⑨英发：showing his uncommon brilliance; with a radiant look

⑩纶巾：scarf with blue ribbon; 羽扇纶巾：In ancient times highranking military officer with literal talent were dressed like this, here referring to Zhou Yu's clothes.

⑪樯橹：refers to boats. Another version used"强虏".

⑫故国神游：the same as"神游故国". The poet visited the historic site, as if his soul had gone to the ancient Three Kingdoms.

⑬多情应笑我：This sentence is to say that"People will deride me as too passionate."

⑭华发：grey hair

⑮樽：utensil for alcohol; 酹：to pour alcohol onto the earth as a memorial ceremony

〔日语注释〕

①念奴娇：詞牌名。

②赤壁：長江岸壁にある。三国時代（呉の）周瑜がここで曹操の軍隊を大敗に帰した。長江岸壁にはいくつか赤壁と称する所があるが、作者の歴訪した赤壁は湖北省黄崗にあり、三国志の赤壁の戦跡ではない。

③风流人物：傑出した人物。

④故垒:旧時のとりで。
⑤周郎:周瑜を指す。三国時代の著名な人物。呉軍を率いて曹操軍を赤壁で大敗に帰した。
⑥穿空:一本"崩云"に作る。この三句は大波が岸にうちよせる壮大な情景を描写している。
⑦公瑾:周瑜の字。
⑧小乔:周瑜の妻。
⑨英发:才気活発で元気あふれている。
⑩纶巾:黒い絹ヒモのついた古代の頭巾。羽扇纶巾:古代の文才もある将師の多くはこのような装束をしていた。ここでは周瑜の装束を指す。
⑪樯橹:戦とう用の船と指す。"強虜"とする版本もある。
⑫故国神游:かつての三国の遺跡を訪れ往時を偲ぶのは、魂が脱け出て往時の三国を経巡するようなものだ。
⑬多情应笑我:この句は「他人は私のことをきっと余りに感傷的だと笑うに違いない」の意。
⑭华发:白髪交りの髪。
⑮樽:酒を盛る器。酹:酒を地面に注ぎ祭った供養。

〔说明〕
　　这首词写得很有气势,词人感情奔放,以豪放的语言描述了长江赤壁的壮观景象,发出"江山如画"的感叹;接着,又联想到古代著名的"赤壁之战",以及指挥这场战争的英雄周瑜,慨叹岁月的流逝,历史的无情。这首词成为"豪放派"词的代表作,体现了词人挥洒自如的创作风格。

鹊桥仙①

纤云弄巧②,飞星传恨③,银汉迢迢暗度④。金风玉露一相逢⑤,便胜却人间无数⑥。

柔情似水,佳期如梦,忍顾鹊桥归路⑦!两情若是久长时,又岂在朝朝暮暮!

——〈宋〉秦观

〔拼音〕

Xiān yún nòng qiǎo, fēi xīng chuán hèn, Yín hàn tiáo tiáo àn dù. Jīn fēng yù lù yī xiāng féng, biàn shèng què rén jiān wú shù.

Róu qíng sì shuǐ, jiā qī rú mèng, rěn gù què qiáo guī lù! Liǎng qíng ruò shì jiǔ cháng shí, yòu qī zài zhāo zhāo mù mù!

〔注释〕

①鹊桥仙:词牌名。

②纤云:微细的云;轻云。这句是说,一缕缕轻云巧妙地翻弄出各种花样。

③飞星:指流星。这句是说,流星在为牛郎织女传达着离情别恨。

④银汉:银河,又称天河。据说牛郎织女被阻于天河,每年七夕(七月初七)才得以相会。迢迢:遥远的样子。这句是说,牛郎织女在七夕渡银河而相会。

⑤金风玉露:指秋天。

⑥胜却:胜过。

⑦忍顾:反问句,怎忍回头看。鹊桥:传说七月初七晚上,喜鹊在天河上搭桥,让牛郎织女渡河相会。

〔英语注释〕

①鹊桥仙:name of *cipai*

②纤云:thin cloud. This sentence is to say that the thin cloud had a great variety of appearance.

③飞星:refers to meteor. This sentence is to say that meteors transmitted the messages of their sadness of being seperated between Niu Lang and Zhi Nü.

④银汉:the Milky Way, which is also called"天河". It is said that Niu Lang and Zhi Nü were seperated by the Milky Way and can not see each other except Qixi (the seventh evening of the seventh month)every year. 迢迢:far away. This sentence is to say that Niu Lang and Zhi Nü crossed the Milky Way to meet on Qixi.

⑤金风玉露:refers to autumn

⑥胜却:better than

⑦忍顾:a rhetorical question, can't bear to turn round to have a look. 鹊桥:It is said that on the night of Qixi magpies made a bridge on the Milky Way so that Niu Lang and Zhi Nü can cross the Milky Way to meet.

〔日语注释〕

①鹊桥仙:詞牌名。

②纤云:細くたなびく雲。この句は幾筋もの細く棚引く雲が空に様々な模様を描き出している。

③飞星:流星。この句は流星は牽牛織女のために引き裂か

れた無情な別離のうらみを伝えている。

④銀汉:銀河、天の川。牽牛織女は天の川を隔て引き裂かれ毎年七夕の時だけ会うことができるという言い伝え。迢迢:遠く遙かなさま。この句は牽牛織女が七夕に天の川を渡って相まみえることを表している。

⑤金风玉露:秋のこと。

⑥胜却:〜にまさる。

⑦忍顾:反語文。どうして振り向くことができようか。鹊桥:伝説では陰暦七月七日の晩、かささぎが天の川に橋を渡し牽牛織女の逢瀬を導いてくれる。

〔说明〕

　　传说天上的织女向往人间的生活,与牛郎结为夫妇,后被王母娘娘拆散,阻于天河两岸,每年"七夕"才得以相会,届时,千万只喜鹊在天河上搭桥。这首词描写的就是牛郎织女一年一度的相会。词的最后指出:只要夫妻恩爱,不一定朝朝暮暮厮守在一起。这种豁达的态度对后人影响很大。

卜算子①

　　我住长江头,君住长江尾。日日思君不见君,共饮长江水。

　　此水几时休,此恨何时已②。只愿君心似我心,定不负相思意。

——〈宋〉李之仪

〔拼音〕

Wǒ zhù cháng jiāng tóu, jūn zhù cháng jiāng wěi. Rì rì sī jūn bù jiàn jūn, gòng yǐn cháng jiāng shuǐ。

Cǐ shuǐ jǐ shí xiū, cǐ hèn hé shí yǐ. Zhǐ yuàn jūn xīn sì wǒ xīn, dìng bù fù xiāng sī yì。

〔注释〕

①卜算子:词牌名。
②已:完;结束。

〔英语注释〕

①卜算子:name of *cipai*
②已:to be over;to finish

〔日语注释〕

①卜算子:詞牌名。
②已:おわる。終結する。

〔说明〕

这是一首类似民歌写法的词。一对恋人分住在两地,却饮着同一条江的水。词中的主人公发誓:自己对情人的思念就像这滚滚东流的长江水,什么时候长江的水干了,什么时候自己的思念才会停止。只希望所爱的人像我一样,不要辜负我的一片心意。这首词的语言浅显易懂,流传甚广。

满江红①

怒发冲冠②,凭阑处、潇潇雨歇③。抬望眼④,仰天长啸⑤,壮怀激烈。三十功名尘与土⑥,八千里路云和月⑦。莫等闲、白了少年头⑧,空悲切。

靖康耻,犹未雪⑨;臣子恨,何时灭?驾长车、踏破贺兰山缺⑩。壮志饥餐胡虏肉,笑谈渴饮匈奴血⑪。待从头、收拾旧山河,朝天阙⑫。

——〈宋〉岳飞

〔拼音〕

Nù fà chōng guān, píng lán chù, xiāo xiāo yǔ xiē. Tái wàng yǎn, yǎng tiān cháng xiào, zhuàng huái jī liè. Sān shí gōng míng chén yǔ tǔ, bā qiān lǐ lù yún hé yuè. Mò děng xián、bái liǎo shào nián tóu, kōng bēi qiè.

Jìng kāng chǐ, yóu wèi xuě, chén zǐ hèn, hé shí miè? Jià cháng jū、tà pò hè lán shān quē. Zhuàng zhì jī cān hú lǔ ròu, xiào tán kě yǐn xiōng nú xuè. Dài cóng tóu、shōu shí jiù shān hé, cháo tiān què.

〔注释〕

①满江红:词牌名。
②怒发冲冠:形容极度愤怒,头发都竖起来了。
③凭:靠。潇潇:风雨声。歇:停止。
④抬望眼:抬头远望。

⑤啸:撮口发出长而清脆的声音。古人多以长啸抒情。

⑥三十功名尘与土:年已三十,取得的功名却像尘土一样微不足道。

⑦八千里路云和月:指转战数千里、披星戴月的战场艰苦生活。

⑧等闲:轻易。这句是说,不要轻易让时光流逝,以至到头发白了仍一事无成。

⑨靖康耻:指北宋亡国的耻辱。靖康二年(1127),金兵攻下北宋的首都,将北宋皇帝虏去。雪:除去。雪耻:清洗耻辱。

⑩长车:古代的兵车。贺兰山:在今宁夏回族自治区和内蒙古自治区交界处。这里指金兵所占的地方。缺:缺口。

⑪匈奴:中国古代北方的少数民族。这里的匈奴与上句中的"胡虏"代指侵入南方的金兵。

⑫天阙:指京城宫殿。朝天阙:朝见皇帝。

〔英语注释〕

①满江红:name of *cipai*

②怒发冲冠:so angry that one's hair erects

③凭:to lean against;潇潇:the sound of the rain and the wind;歇:to stop

④抬望眼:to look up at the distant place

⑤啸: to howl. People in ancient times often expressed their feelings by howling.

⑥三十功名尘与土:Though 30 years old, achievement was still trifling.

⑦八千里路云和月:refers to the hard life of fighting in numerous places one by one under the canopy of the moon and the stars.

⑧等闲:easily;rashly. This sentence is to say that one can not

waste time otherwise he will accomplish nothing when he gets old.

⑨靖康耻:humiliation of national subjugation. In the second year of Jingkang, Jin seized the capital and captured the emperor of the Northern Song. 雪:to wipe out; 雪耻:wipe out a humiliation

⑩长车:chariot of ancient times; 贺兰山:located on the boundary between Inner Mongolia and Ningxia, here referring to the region conquered by Jin; 缺:breach

⑪匈奴:a minority in the north of China in ancient times. Here "匈奴" and the previously mentioned "胡虏" refer to the troops of Jin who invaded the south.

⑫天阙:refers to the palaces in the capital. 朝天阙:to meet the emperor

〔日语注释〕

①满江红:詞牌名。
②怒发冲冠:怒りの激しいさま。怒髪冠をつく。
③凭:寄りかかる。潇潇:風雨の激しいさま。歇:やむ。
④抬望眼:頭を挙げて遠くを望む。
⑤啸:うそぶく。口そすぼめて長くとおる声を出す。古人は多くこのようにして思いを吐露した。
⑥三十功名尘与土:歳は既に三十というのに自分が成した功績は塵芥と同様に微微たるものだ。
⑦八千里路云和月:転々と何千里も戦闘に明け暮れる戦場でのつらい日々。
⑧等闲:ありきたりの。この句はみすみす時を過ごすわけにはいかない。(さもないと、年老いて白髪になっても何事も達成できないだろう。
⑨靖康耻:北宋が滅亡した国辱を言う。靖康二年,金の軍隊

に北宋の都は陥落し皇帝は捕虜となった。雪：とり除く。雪耻：恥をそそぐ。

⑩长车：古代の戦車。賀蘭山：今の寧夏回族自治区と内蒙古自治区の境あたりにある。ここは金の軍隊が占拠していた。缺：突破口。

⑪匈奴：古代北方の少数民族。ここでは前句「胡虏」と共に暗に南方に侵入する金の軍隊を指している。

⑫天闕：都の御殿を指す。朝天闕：皇帝に謁見する。

〔说明〕

岳飞是宋代著名的抗金将领。这首词表现了作者奋勇的杀敌精神，渴望收复失地，统一祖国的决心。词的语言慷慨激昂，气势磅礴，有震撼人心之感。

如梦令①

昨夜雨疏风骤②，浓睡不消残酒③。试问卷帘人④，却道"海棠依旧"⑤。"知否？知否？应是绿肥红瘦⑥。"

——〈宋〉李清照

〔拼音〕

Zuó yè yǔ shū fēng zhòu, nóng shuì bù xiāo cán jiǔ. Shì wèn juǎn lián rén, què dào "hǎi táng yī jiù". "Zhī fǒu? Zhī fǒu? Yīng shì lǜ féi hóng shòu."

〔注释〕

①如梦令:词牌名。

②骤:急。

③浓睡:沉睡,酣睡。这句是说足足睡了一觉却未能消去醉意。

④卷帘人:指正在卷帘的侍女。

⑤海棠依旧:这是侍女的答话,说海棠花依旧开着。

⑥绿肥红瘦:叶多花少。指一夜风雨,必有海棠花凋零。

〔英语注释〕

①如梦令:name of *cipai*

②骤:violent

③浓睡:to sleep soundly. This sentence is to say that the feeling of getting drunk did not disappear after a good sleep.

④卷帘人:refers to the maid who was rolling the curtain

⑤海棠依旧:This is the answer of the maid which is to say that *haitang* (Chinese flowering crabapple) bloomed as before.

⑥绿肥红瘦:There are more leaves than flowers. Here it is to say that some of *haitang* must have withered after the rain and the wind at night.

〔日语注释〕

①如梦令:詞牌名。

②骤:にわかに。

③浓睡:熟睡する。この句は熟睡した後もまだ酔いは覚めやらない意。

④卷帘人:御簾に侍べる侍女。

⑤海棠依旧:侍女の答えたことば。「海棠の花はいつもどおり咲いています。」

⑥绿肥红瘦:葉ばかり茂って花が少ない。一晩の風雨できっと海棠の花はすっかり散ってしまったにちがいない。

〔说明〕

李清照是宋代著名的女词人。她写的词很有女性风格。这首词写女主人公醉后长睡,醒来仍未消醉意。想起昨夜的"雨疏风骤",便问家中的侍女:院中的海棠花怎么样了？侍女不解其意,回答"海棠依旧",这回答引起女主人公的不满:你知道吗？应该是"绿肥红瘦"！用"绿肥红瘦"来比喻叶多花少,想像是很独特的。

声声慢①

寻寻觅觅,冷冷清清,凄凄惨惨戚戚②。乍暖还寒时候③,最难将息④。三杯两盏淡酒,怎敌他晚来风急⑤？雁过也,正伤心,却是旧时相识。

满地黄花堆积,憔悴损⑥,如今有谁堪摘⑦？守着窗儿,独自怎生得黑⑧？梧桐更兼细雨,到黄昏点点滴滴。这次第⑨,怎一个愁字了得！⑩

——〈宋〉李清照

〔拼音〕

Xún xún mì mì, lěng lěng qīng qīng, qī qī cǎn cǎn qī qī. Zhà nuǎn huán hán shí hòu, zuì nán jiāng xī. Sān bēi liǎng zhǎn dàn jiǔ, zěn dí tā wǎn lái fēng jí? Yàn guò yě, zhèng shāng xīn, què shì jiù shí xiāng shí。

Mǎn dì huáng huā duī jī, qiáo cuì sǔn, rú jīn yǒu shuí kān zhāi? Shǒu zhè chuāng ér, dú zì zěn shēng dé hēi? Wú tóng gèng jiān xì yǔ, dào huáng hūn diǎn diǎn dī dī。Zhè cì dì, zěn yī gè chóu zì liǎo dé!

〔注释〕

①声声慢:词牌名。
②觅:寻找。戚戚:忧愁苦恼。这三句是描写女主人孤身一人在家,若有所失,六神无主,一副凄惨的样子。
③乍暖还寒:天气突然暖和了,却又一下子冷起来。指天气忽冷忽热。
④将息:养息;休息。
⑤敌:抵挡。
⑥憔悴损:指花凋谢的样子。
⑦堪:可;能。这句是说,花儿凋谢,无人理睬。
⑧怎生:怎样;怎么。得黑:熬到天黑。
⑨次第:光景;情形。
⑩了得:了结。这句是说,一个愁字怎能说尽。

〔英语注释〕

①声声慢:name of *cipai*
②觅:to look for;戚戚:grief;distress. This sentence is to say that the hostess stayed at home and felt very lonely.
③乍暖还寒:It became cold in a sudden not long after it got warm. The weather was cold one minute and hot the next.
④将息:to have a rest

⑤敌：to withstand

⑥憔悴损：the withering appearance of flowers

⑦堪：can. This sentence is to say that nobody cared when the flowers withered.

⑧怎生：how；得黑：to idle about until it gets dark

⑨次第：situation

⑩了得：to finish. This sentence is to say that the situation was more than the word "grief" can describe.

〔日语注释〕

①声声慢：詞牌名。

②觅：搜し求める。戚戚：憂え悲しむ。この三句は女主人が一人寂しく家にあり茫然と思索にくれる落胆したさま。

③乍暖还寒：突然暖かくなったかと思うと，又急に寒くなる。天候の変わりやすさを言う。

④将息：休息する。

⑤敌：匹敵する。

⑥憔悴损：花がしぼんで落ちるさま。

⑦堪：～にたえる。～できる。この句は花はしぼんで落ちてしまいかまう者もない。

⑧怎生：どのように。得黑：夜になるまでやり過ごす。

⑨次第：状況，有様。

⑩了得：完結する。この句はただ愁の一字でどうして言い尽くせようかの意。

〔说明〕

"寻寻觅觅，冷冷清清，凄凄惨惨戚戚"，词的一开头，连用了七对重叠词，可并没有给人堆砌之感。作者在写这首词时，刚刚经历

了北宋王朝的灭亡、丈夫的去世等一系列打击,倍感国破家亡的孤独与痛苦。因此词中充满了哀伤的情调。同样是写忧愁,李清照的词却有不同一般的语言风格,女性的心理特征抓得很准。

夏日绝句

生当作人杰①,死亦为鬼雄②。
至今思项羽③,不肯过江东④。

——〈宋〉李清照

〔拼音〕

Shēng dāng zuò rén jié, sǐ yì wéi guǐ xióng.
Zhì jīn sī xiàng yǔ, bù kěn guò jiāng dōng.

〔注释〕

①人杰:人中豪杰。
②鬼雄:英勇战死的人,当为鬼中英雄。
③项羽:即项籍,秦末人,率军反秦。秦亡后,自立为西楚霸王,与刘邦争天下。后兵败,自杀于乌江。
④江东:长江以东之地。今称江南。项羽率八千江东子弟起兵,最后全军覆灭,项羽觉得无颜见江东父老而自杀。

〔英语注释〕

①人杰:outstanding people
②鬼雄:Those who died in a fight became heros of ghosts.
③项羽:With another name as Xiang Ji(项籍), he revolted a-

gainst the Qin Dynasty. Appointed himself as "Overlord of Western Chu" and scrambled for conquest of the country with Liu Bang after the fall of Qin. He was later defeated and committed suicide beside the Wujiang River.

④江东: the region which is to the east of the Changjiang River, called today as Jiangnan. Xiang Yu commanded 8000 soldiers who came from the east region across the Changjiang River against the Qin Dynasty. After being defeated, Xiang Yu can not bear to see again his people in his hometown and committed suicide.

〔日语注释〕

①人杰:優れた人物。
②鬼雄:鬼中の英雄、即ち果敢に戦死した人。
③项羽:項籍、秦末に秦を攻め、秦の滅亡後、自ら西楚霸王と名乗り、劉邦と天下を争った。後に敗れ、烏江で自害した。
④江东:長江以東の地。項羽は江東の子弟八千を率い長江を渡り西に向かったが、項羽の軍隊は覆滅し、項羽は江東の長老に合わせる顔がないと自尽した。

〔说明〕

　　如果说,李清照的词充满闺房气息,那么,这首诗写得却很有气势。她用楚王项羽兵败后宁愿自杀也不愿逃回家乡的历史故事来痛斥主张投降、求和的当权派:男子汉大丈夫,"生当做人杰,死亦为鬼雄",想想古代的英雄项羽,虽败犹荣。而你们却这么贪生怕死! 短短几句诗,体现了诗人强烈的爱国精神。

钗头凤①

红酥手②,黄縢酒③,满城春色宫墙柳④。东风恶⑤,欢情薄⑥,一怀愁绪,几年离索⑦。错,错,错!

春如旧,人空瘦。泪痕红浥鲛绡透⑧。桃花落,闲池阁。山盟虽在⑨,锦书难托⑩。莫,莫,莫!

——〈宋〉陆游

〔拼音〕

Hóng sū shǒu, huáng téng jiǔ, mǎn chéng chūn sè gōng qiáng liǔ。Dōng fēng è, huān qíng bó, yì huái chóu xù, jǐ nián lí suǒ。Cuò, cuò, cuò!

Chūn rú jiù, rén kōng shòu。Lèi hén hóng yì jiāo xiāo tòu。Táo huā luò, xián chí gé。Shān méng suī zài, jǐn shū nán tuō。Mò, mò, mò!

〔注释〕

①钗头凤:词牌名。
②红酥手:红润细软的手。一说为一种食品。
③黄縢酒:即黄封酒,当时官酿的酒以黄纸封口。
④宫墙柳:暗喻被迫离去的前妻唐氏如宫墙之内的柳树,可望而不可即。
⑤东风:暗喻拆散自己婚姻的母亲。
⑥薄:衰微,指二人欢情不长即被母亲拆散。

⑦离索:离散。
⑧浥:沾湿;湿润。鲛绡:指手帕。
⑨山盟:即海誓山盟,男女双方立下永远相爱的誓言为海誓山盟,表示爱像高山大海一样长久不变。
⑩锦书:书信。

〔英语注释〕

①钗头凤::name of *cipai*

②红酥手:ruddy and soft hand. It is also said that "红酥手" is a kind of food.

③黄縢酒:the same as "黄封酒". At that time the alcohol brewed by the government was sealed with yellow paper.

④宫墙柳:Like the willows in the palace, his ex-wife who was compelled to leave him was in sight but beyond touch.

⑤东风:refers to his mother who broke up his marriage.

⑥薄: to decline; to wane. Here it is to say that they did not lived together for a long time before his mother separated them.

⑦离索:separated

⑧浥:to moisten;鲛绡:handkerchief

⑨山盟:the same as "海誓山盟", man and woman pledge that their love will last forever like mountains and seas.

⑩锦书:letters

〔日语注释〕

①钗头凤:詞牌名。

②红酥手:しなやかで小さな手。一説には、食品の一種とも言う。

③黄縢酒:「黄封酒」とも言う。当時お上の製造したお酒は

黄色い紙で封印されていた。
　④宫墙柳：やむなく離縁した前妻、唐氏は宮殿の塀の中の柳のように、もはや手の届かぬ人であることを暗喩している。
　⑤东风：暗に自分の結婚を壊した母親になぞらえる。
　⑥薄：衰えさびれる。二人の幸福は長く続かず、母に無理やり離縁させられたことを指す。
　⑦离索：離散する。
　⑧浥：ひたす，うるおす。鲛绡：ハンカチ。
　⑨山盟：男女の深い契り。男女が永遠の愛を固く誓い合うこと。その愛が高い山大きな海のように永久に変わらないことを表す。
　⑩锦书：手紙。

〔说明〕
　宋代著名诗人陆游的婚姻生活是不幸的。他与前妻唐氏本是一对恩爱夫妻，却因母亲的干涉而被迫离婚。几年后他们又在当年海誓山盟的旧地相遇，却无法倾诉心中的哀怨，陆游在极度的痛苦之中写下了这首词，从词中我们可以看到他心中的悲愤。

卜算子

咏梅

　驿外断桥边①，寂寞开无主。已是黄昏独自愁，更著风和雨②。

无意苦争春,一任群芳妒③。零落成泥碾作尘,只有香如故。

——〈宋〉陆游

〔拼音〕

Yì wài duàn qiáo biān, jì mò kāi wú zhǔ。yǐ shì huáng hūn dú zì chóu, gèng zhuó fēng hé yǔ。

Wú yì kǔ zhēng chūn, yī rèn qún fāng dù。Líng luò chéng ní niǎn zuò chén, zhǐ yǒu xiāng rú gù。

〔注释〕

①驿:驿站,古代官办的交通站,供传递政府文书的人中途更换马匹或休息、住宿的地方。

②著:附着;增添。

③一任:听凭;任凭。

〔英语注释〕

①驿: the same as 驿站, a post set up by the government in ancient times for those who carried offical dispatches and letters to change horses or put up for the night

②著: with

③一任: to allow; to let

〔日语注释〕

①驿:旧時の駅站。古代、お上の設けた交通の要所。官庁の文書を配達したり馬、旅人等が休息宿泊したりする場所。

②著:加わる、増す。

③一任:任せる。自由にさせる。

〔说明〕

陆游在朝为官,倍受排挤,他的爱国志向无法实现,心中感到十分孤独。这首词就是他借梅花以言志。词中他写了梅花独自开放的孤独,写了"无意苦争春,一任群芳妒"的遭遇,也借梅花"零落成泥碾作尘,只有香如故"的特征来比喻自己高洁的本性。

示 儿

死去元知万事空①,但悲不见九州同②。
王师北定中原日,家祭无忘告乃翁③。

——〈宋〉陆游

〔拼音〕

Sǐ qù yuán zhī wàn shì kōng, dàn bēi bù jiàn jiǔ zhōu tóng。
Wáng shī běi dìng zhōng yuán rì, jiā jì wú wàng gào nǎi wēng。

〔注释〕

①元:通"原"。原来;本来。
②九州:中国古分九州。这里以"九州"代指全中国。
③无忘:不要忘记。乃翁:你的父亲,这里指作者本人。

〔英语注释〕

①元:the same as "原", originally

②九州：China was divided into 9 states in ancient times. Here 九州 refers to the whole country.

③无忘：Do not forget. 乃翁：your father, here referring to the poet himself

〔日语注释〕

①元："原"に通ずる。もともと，本来。

②九州：古代中国全土を九つの州に分けた。九州同：全国が統一される。

③无忘：忘れるな。乃翁：おまえの父親。ここでは作者自身を指す。

〔说明〕

这是陆游临终前写的最后一首诗。诗人一生爱国，到死都忘不了祖国的统一大业，活着不能看到统一，死后也要等着听到这一消息。这令人感动的诗句，激励多少爱国志士为祖国的统一而奋斗。

青玉案①

元夕②

东风夜放花千树③，更吹落、星如雨④。宝马雕车香满路⑤，凤箫声动⑥，玉壶光转⑦，一夜鱼龙舞⑧。

蛾儿雪柳黄金缕⑨，笑语盈盈暗香去⑩。众里寻他千

213

百度⑪,蓦然回首⑫,那人却在、灯火阑珊处⑬。

——〈宋〉辛弃疾

〔拼音〕

　　Dōng fēng yè fàng huā qiān shù, gèng chuī luò、xīng rú yǔ. Bǎo mǎ diāo chē xiāng mǎn lù, fèng xiāo shēng dòng, yù hú guāng zhuǎn, yī yè yú lóng wǔ.

　　É ér xuě liǔ huáng jīn lǚ, xiào yǔ yíng yíng àn xiāng qù. Zhòng lǐ xún tā qiān bǎi dù, mò rán huí shǒu, nà rén què zài、dēng huǒ lán shān chù.

〔注释〕

　　①青玉案:词牌名。
　　②元夕:农历正月十五日晚上,又称元宵。
　　③东风夜放花千树:这句是说,满城的灯火就像东风吹开了千万棵树上的鲜花。
　　④更:再;又;加上。这句是说,花灯像被吹落到人间的繁星一样灿烂。
　　⑤宝马雕车:指富贵人家的车马。
　　⑥凤箫:箫的美称。
　　⑦玉壶:指月亮。
　　⑧鱼龙:指人们耍的鱼灯、龙灯。
　　⑨蛾儿雪柳黄金缕:蛾儿、雪柳、黄金缕,这三样东西都是古代妇女元夕戴在头上的装饰物。
　　⑩暗香:指美人。
　　⑪千百度:无数次。
　　⑫蓦然:突然。
　　⑬阑珊:零落。

〔英语注释〕

①青玉案：name of *cipai*

②元夕：the night of the 15th of the 1st lunar month, which is also called "元宵"

③东风夜放花千树：This sentence is to say that the city was full of colorful lanterns which seemed as if the east wind made thousands of flowers bloom.

④更：and. This sentence is to say that the colorful lanterns were so bright that they looked like stars fell from the sky to the world.

⑤宝马雕车：horses and carriages of the rich

⑥凤箫：laudatory name for *xiao* (a vertical bamboo flute)

⑦玉壶：refers to the moon.

⑧鱼龙：refers to the lanterns in the shape of fish and dragon.

⑨蛾儿雪柳黄金缕：*Er, xueliu, golden lu* were adornments that women put on their head on *yuanxi* in ancient times.

⑩暗香：refers to beauty.

⑪千百度：many times

⑫蓦然：in a sudden

⑬阑珊：to wane

〔日语注释〕

①青玉案：詞牌名。

②元夕：旧暦正月十五日の晩，元宵とも言う。

③东风夜放花千树：この句は，町中の灯火はまるで幾千本もの木に春風が美しい花を咲かせたようだの意。

④更：その上，又。この句は美しい灯火は空から降ってきた星のようにきらめき輝いている。

⑤宝马雕车:お金持ちの家の馬や車。
⑥凤箫:簫の美称。
⑦玉壶:月を指す。
⑧鱼龙:その夜行なわれた雑技の魚や龍の形をした提灯。
⑨蛾儿雪柳黄金缕:蛾兒、雪柳、黄金縷、これらは旧時元宵の晩に婦人が頭に飾る装飾品。
⑩暗香:美人のこと。
⑪千白度:何度も。
⑫蓦然:突然。
⑬阑珊:衰える。

〔说明〕

辛弃疾是宋代有名的词人。他的词风豪放,绝少缠绵悱恻的词句。这首《元夕》描写宋代元宵节时的热闹场面。宋代实行宵禁,妇女平时更难得出门,只有元宵节的晚上,才能痛痛快快地到街上玩儿玩儿。年轻人也借此机会,寻找自己的意中人。"众里寻他千百度,蓦然回首,那人却在、灯火阑珊处",这几句词被人们广泛传播,成为千古佳句。

丑奴儿①

书博山道中壁②

少年不识愁滋味,爱上层楼③;爱上层楼,为赋新词强说愁。

而今识尽愁滋味,欲说还休;欲说还休,却道"天凉好个秋"。

——〈宋〉辛弃疾

〔拼音〕

Shào nián bù zhī chóu zī wèi, ài shàng céng lóu; ài shàng céng lóu, wèi fù xīn cí qiáng shuō chóu.

Ér jīn shí jìn chóu zī wèi, yù shuō huán xiū; yù shuō huán xiū, què dào "tiān liáng hǎo gè qiū".

〔注释〕

①丑奴儿:词牌名,又名采桑子。
②博山:山名,在江西省。
③层楼:高楼。

〔英语注释〕

①丑奴儿:name of *cipai*, with another name as 采桑子
②博山:name of a mountain, located in Jiangxi province
③层楼:a high storied building

〔日语注释〕

①丑奴儿:詞牌名。
②博山:江西省にある山の名。
③层楼:高殿。

〔说明〕

词人在这首词中,描写了青年时期与老年时期对"愁"字的不同认识和理解。年轻时,不懂"愁"到底是什么滋味,为了写诗,爬

上高楼,"愁"不绝口;如今上了岁数,经历了多少忧愁和痛苦,这一个"愁"字反而说不出口了。"愁"字已经到了嘴边,却变成"天凉好个秋"。词中把老年人的复杂心理描写得淋漓尽致。

游园不值①

应嫌屐齿印苍苔②,小扣柴扉久不开③。
春色满园关不住,一枝红杏出墙来。

——〈宋〉叶绍翁

〔拼音〕

Yīng xián jī chǐ yìn cāng tái, xiǎo kòu chái fēi jiǔ bù kāi。
Chūn sè mǎn yuán guān bù zhù, yī zhī hóng xìng chū qiáng lái。

〔注释〕

①值:遇到;碰上。这句是说游园未遇到主人,不得进园游赏。
②屐:木头鞋,鞋底前后有齿,可在泥地行走。这句是说,主人一定是怕游人在苍苔上踏上鞋印。
③扉:门扉。

〔英语注释〕

①值: to encounter; to run into. This sentence is to say that the owner of the garden was out when the poet went to visit him, so he could not go into th garden to have a look.
②屐: wooden shoes with spikes at its sole with which people

can walk in mud. This sentence is to say the host must be afraid that visitor would leave foot-prints on liver mosses.

③扉:door

〔日语注释〕

①值:～にあたる、～に出会う。この句は庭園の主人がいないので中に入って游覧することができないの意。

②屐:木製の靴,靴底に歯があり泥道の歩行によい。この句は庭園の主人は旅人が青い苔に靴跡をつけてしまうのを恐れているにちがいないの意。

③扉:門の扉。

〔说明〕

诗人游园未遇到主人,无法进去欣赏春天的景色。可诗人意外发现"一枝红杏出墙来",欣喜万分。诗的最后两句,富有哲理,成为人们时常引用的佳句。

过零丁洋①

辛苦遭逢起一经②,干戈寥落四周星③。
山河破碎风飘絮,身世浮沉雨打萍。
惶恐滩头说惶恐④,零丁洋里叹零丁⑤。
人生自古谁无死,留取丹心照汗青⑥。

——〈宋〉文天祥

〔拼音〕

Xīn kǔ zāo féng qǐ yì jīng, gān gē liáo luò sì zhōu xīng。

Shān hé pò suì fēng piāo xù, shēn shì fú chén yǔ dǎ píng。

Huáng kǒng tān tóu shuō huáng kǒng, líng dīng yáng lǐ tàn líng dīng。

Rén shēng zì gǔ shuí wú sǐ, liú qǔ dān xīn zhào hàn qīng。

〔注释〕

①零丁洋:在广东省中山县南。

②遭逢:际遇。起一经:依靠精通一种经书而被起用为官。作者曾考中状元。这句是说,自入朝为官起遭遇许许多多的磨难。

③干戈:古代的两种兵器,这里代指战争。寥落:稀疏零落。一作"落落"。四周星:四周年。文天祥起兵到被俘,正好四年。

④惶恐滩:在江西,文天祥兵败于此。惶恐:惭愧;难为情。

⑤零丁:孤独困苦。

⑥留取:留存。丹心:赤诚的心。汗青:史册。古时在竹简上记事,采来青色的竹子,要用火烤得竹板冒出水分以后才容易书写,所以叫汗青。

〔英语注释〕

①零丁洋: located to the south of Zhongshan county, Guangdong province

②遭逢: fortune; 起一经: to be appointed as an offical for mastering one of Chinese classics. The poet once was the Number One Scholar. This sentence is to say that "The poet experienced many hardships since he became an official."

③干戈: two weapons of ancient times, here referring to war; 寥

落：few；little. Another version used "落落". 四周星：four years. It was four years since Wen Tianxiang dispatched troops against Yuan Dynasty till he was captured.

　　④惶恐滩：located in Jiangxi province where Wen Tianxiang was defeated；惶恐：ashamed；

　　⑤零丁：lonely

　　⑥留取：to remain；丹心：a loyal heart；汗青：historical records. People made records on bamboo slips in ancient times. Green bamboo were roasted on fire until they gave out water which looked like sweat, then characters may be written easily on them. Such was how "汗青" got its name.

〔日语注释〕

　　①零丁洋：広東省中山県南部にある。

　　②遭逢：偶然の巡り合い。起一经：一種の経書に精通して官に登用される。作者はかつて状元に合格した。この句は朝廷に仕えるようになって数々の難儀に遭遇したの意。

　　③干戈：古代の二種類の兵器。ここでは戦争を表す。寥落：まばらで寂しい。一本"落落"に作る。四周星：四周年。文天祥が兵を起し捕われるまでちょうど四年だった。

　　④惶恐滩：文天祥の軍が敗れた場所。江西省にある。惶恐：慚愧の念。

　　⑤零丁：孤独で苦境にある。

　　⑥留取：残す。丹心：真心。汗青：史書。旧時、竹簡に字を記したが、青い竹片の表面を火にあぶって汗を出させ、あぶら気を去って書きやすくし、竹簡として使ったのでこう言われる。

〔说明〕
　　文天祥做过南宋的宰相,元兵入侵南宋后,他领兵抗元,兵败被俘,后被杀。这首诗是他被俘后写的。诗歌叙述了自己一生的经历,表达了自己视死如归、誓不投降的英雄气概。诗的最后两句,慷慨激昂,成为多少仁人志士的座右铭。

天净沙①

秋思②

　　枯藤老树昏鸦,小桥流水人家,古道西风瘦马。夕阳西下,断肠人在天涯③。

——〈元〉马致远

〔拼音〕
　　Kū téng lǎo shù hūn yā, xiǎo qiáo liú shuǐ rén jiā, gǔ dào xī fēng shòu mǎ. Xī yáng xī xià, duàn cháng rén zài tiān yá.

〔注释〕
　　①天净沙:散曲的曲牌名。
　　②秋思:见张籍《秋思》注。
　　③断肠人:这里指飘泊在外、极度忧伤的旅人。

〔英语注释〕
　　①天净沙:name of *qupai*, which is the tune to which *sanqu* (a

type of verse populated in the Yuan, Ming and Qing Dynasty, with tonal patterns modelled on tunes drawn from folk music) poems are composed

②秋思：See Notes in Zhang Ji's《秋思》。

③断肠人：refers to the sad traveling man who led a wandering life.

〔日语注释〕

①天净沙：元散曲の曲牌名。

②秋思：張籍の《秋思》の注釈を見よ。

③断肠人：ここでは流浪の果てにひどく悲しみ心を痛めている旅人を言う。

〔说明〕

这是一首有名的散曲。表面看来，似乎是一些景物的堆积，但细细琢磨，却是为我们勾画的一幅由近及远的风景图：近处是枯藤、老树、昏鸦；往远处看，有小桥、流水、人家；再往远看，有古道、夕阳和骑着瘦马的旅人。这一悲凉的景致引来作者的长叹：远离家乡的旅人心中该有多少愁苦哇！

石灰吟

千锤万击出深山，烈火焚烧若等闲①。
粉骨碎身全不怕，要留清白在人间②。

——〈明〉于谦

〔拼音〕

Qiān chuí wàn jī chū shēn shān, liè huǒ fén shāo ruò děng xián。

Fěn gǔ suì shēn quán bù pà, yào liú qīng bái zài rén jiān。

〔注释〕

①等闲：平常。这句是说：把烈火焚烧看成是平常事。

②清白：比喻人的品行纯洁，没有污点。

〔英语注释〕

①等闲：common. This sentence is to say that being burnt on fire was considered a common thing.

②清白：stainless in oneself's behaviour

〔日语注释〕

①等闲：普通並みの。この句は火で焼かれることも事なしとするの意。

②清白：人格上清らかで汚れなく何の曇りもない人。

〔说明〕

以物咏志的诗歌，我们见过的有很多，但借石灰表白自己的志向，这首诗是个开创。作者写这首诗时只有十七岁。诗中表明：愿在艰苦的生活中锻炼自己，做一个一生清白的人，即使为了这一志向粉骨碎身也在所不惜。

泥人儿

泥人儿,好似咱每两个①。捻一个你②,塑一个我,看两下如何?将他来揉和了重新做,重捻一个你,重塑一个我;我身上有你也,你身上有了我。

——〈明〉醉月子辑《新选桂枝儿》

〔拼音〕

Ní rén ér, hǎo sì zán měi liǎng gè。Niǎn yí gè nǐ, sù yí gè wǒ, kàn liǎng xià rú hé? Jiāng tā lái róu huó liǎo chóng xīn zuò, chóng niǎn yí gè nǐ, chóng sù yí gè wǒ, wǒ shēn shàng yǒu nǐ yě, nǐ shēn shàng yǒu liǎo wǒ。

〔注释〕

①咱每:咱们。
②捻:捏。

〔英语注释〕

①咱每:we
②捻:to nip; to pinch

〔日语注释〕

①咱每:わたしたち。
②捻:指でこねて作る。

〔说明〕

　　这是一首想像十分巧妙的明代民歌。为了表示相爱的人永不分开,作者想出了以孩子们捏的泥人儿为比喻的表示方法。先捏两个泥人儿代表你我,然后再将泥人儿揉和了重新做,再做出的泥人儿我身上有你,你身上有我,就永远无法分开了。这种将抽象概念具体化的写法,很有生活情趣。

老天爷

　　老天爷,你年纪大,耳又聋来眼又花。你看不见人,听不见话。杀人放火的享着荣华,吃素看经的活活饿杀①。老天爷,你不会做天,你塌了罢! 你不会做天,你塌了罢!

——〈明〉艾衲居士《豆棚闲话》

〔拼音〕

　　Lǎo tiān yé, nǐ nián jì dà, ěr yòu lóng lái yǎn yòu huā. Nǐ kàn bù jiàn rén, tīng bù jiàn huà. Shā rén fàng huò de xiǎng zhe róng huá, chī sù kàn jīng de huó huó è shā. Lǎo tiān yé, nǐ bù huì zuò tiān, nǐ tā liǎo ba! Nǐ bù huì zuò tiān, nǐ tā liǎo ba!

〔注释〕

　　①饿杀:饿死。

〔英语注释〕

①饿杀：to die of hunger

〔日语注释〕

①饿杀：餓死させる。

〔说明〕

这首民歌充满反抗精神，将指责的矛头直指被认为是皇权特征的"老天爷"。民歌中历数了世道的不公平，最后大胆地提出要求："你不会做天，你塌了吧！"真是痛快淋漓。诗歌的语言质朴、简练，如同说话，显示了民歌的艺术特点。

论　诗①

李杜诗篇万口传②，至今已觉不新鲜。
江山代有才人出③，各领风骚数百年④。

——〈清〉赵翼

〔拼音〕

Lǐ dù shī piān wàn kǒu chuán, zhì jīn yǐ jué bù xīn xiān.
Jiāng shān dài yǒu cái rén chú, gè lǐng fēng sāo shù bǎi nián.

〔注释〕

①赵翼的《论诗》共五首，今选其中一首。

②李杜:指唐朝诗人李白和杜甫。
③才人:有才能的人,这里指杰出的诗人。
④风骚:本指《诗经》中的《国风》和屈原的《离骚》,这里泛指有时代特色的诗歌创作。

〔英语注释〕
①Zhao Yi wrote five poems under the topic of 《论诗》(on poem). Here we select one of them.
②李杜:refers to Li Bai and Du Fu who were poets of the Tang Dynasty
③才人:talented people, here referring to outstanding poets
④风骚:Originally referring to *Guofeng* (folk songs) of the Book of Songs and Qu Yuan's *lisao*, here it generally refers to distinctive poems of different periods.

〔日语注释〕
①趙翼の《论诗》は全三首あり、これはその一首。
②李杜:唐代の詩人李白と杜甫を指す。
③才人:才能のある人,ここでは傑出した詩人を指す。
④风骚:もともと《诗经》の《国风》と屈原の《离骚》を指したが,ここでは広く各時代の特色ある詩歌を言う。

〔说明〕
这首诗告诉人们一个道理,那就是:社会是在前进的,时代在向前发展,每一个朝代都会有新的人才出现,应该注意发掘当代的人才,而不要死抱住过去的一切不放。

高高山上一树槐

高高山上一树槐,手攀槐枝望郎来①。
娘问女儿"望什么","我望槐花几时开。"

——〈清〉无名氏编《四川山歌》

〔拼音〕

Gāo gāo shān shàng yī shù huái, shǒu pān huái zhī wàng láng lái。

Niáng wèn nǚ ér "wàng shén me", "Wǒ wàng huái huā jǐ shí kāi。"

〔注释〕

①攀:牵扯;抓住。

〔英语注释〕

①攀:to clutch

〔日语注释〕

①攀:引っ張る、つかむ。

〔说明〕

这是清代一首著名的民歌,歌中安排了母女的对话,写得活泼有趣。姑娘思念心中的情人,忍不住出门眺望。母亲问女儿在望什么,女儿随机应变地答道:我在看槐花什么时候开。民歌中以槐

花的"槐"暗喻怀念的"怀",体现了民歌的艺术风格。

己亥杂诗①

九州生气恃风雷②,万马齐喑究可哀③。
我劝天公重抖擞④,不拘一格降人才⑤。

——〈清〉龚自珍

〔拼音〕

Jiǔ zhōu shēng qì shì fēng léi, wàn mǎ qí yīn jiū kě āi.
Wǒ quàn tiān gōng chóng dǒu sǒu, bù jū yì gé jiàng rén cái.

〔注释〕

①己亥:指1839年。作者辞官南归,后又北上接家眷,往返途中写出《己亥杂诗》三百一十五首,这里选其中一首。

②九州:见陆游《示儿》注。生气:活力;生命力。恃:凭借。风雷:急剧变化的形势。

③喑:哑。万马齐喑:众马都沉寂无声。比喻人们都沉默,不敢发表意见。究:到底;毕竟。

④抖擞:振作起来。

⑤不拘一格:不局限于一个规格、标准。

〔英语注释〕

①己亥:refers to the year of 1839. The poet went back to the south of China after he had resigned and later went to the north again to take his family home. He wrote 315 poems on the way to and from between the north and the south. Here we select one of them.

　②九州：See Notes in Lu You's《示儿》. 生气：life; vitality; 恃：to depend on; 风雷：greatly changing situation

　③喑：silent; 万马齐喑：All horses kept silent, indicating that people dare not express themselves and all kept silent. 究：after all

　④抖擞：to rouse

　⑤不拘一格：not confined to a sole standard

〔日语注释〕

　①己亥：一八三九年(旧暦己亥年)作者は官を辞し南に帰る途中、北に家族を迎えに行き引き返してくる際、《己亥杂诗》三百十五首を書いたうちの一首である。

　②九州：《示儿》の注を見よ。生气：活力、生命力。恃：頼りにする。风雷：急劇に変化する情勢。

　③喑：声がかすれる。万马齐喑：万馬が沈潜する。人々がひっそりと鳴りをひそめてしまう喩え。究：結局,ついに。

　④抖擞：奮い起こす。

　⑤不拘一格：一つの型,規格にとらわれない。

〔说明〕

　在这首诗中,作者谈了对社会变革的看法。他认为："万马齐喑"的社会现实不利于社会的发展,要改变这种现实,就要有风雷激荡的社会变动,希望在这变革的时代,能有更多的社会贤才出现,一起推动中国社会向前发展。